핵을 넘다

核を乗り越える

Satoru Ikeuchi 池内 了 著

© 2014 池内 了

이 책의 한국어판 저작권은 新日本出版社와 독점 계약한 나름북스에 있습니다.
저작권법에 의해 한국 내에서 보호를 받는 저작물이므로 무단 전재와 복제를 금합니다.

핵을 넘다

2017년 3월 11일 초판 1쇄 발행
2018년 9월 28일 초판 2쇄 발행

지은이	이케우치 사토루
옮긴이	홍상현
편집	조정민 김삼권 최인희
디자인	이경란
표지그림	박경원
인쇄	도담프린팅
종이	타라유통

펴낸곳	나름북스
펴낸이	임두혁
등록	2010.3.16. 제2014-000024호
주소	서울 마포구 월드컵로 15길 67 (망원동) 2층
전화	(02)6083-8395
팩스	(02)323-8395
이메일	narumbooks@gmail.com
홈페이지	www.narumbooks.com
페이스북	www.facebook.com/narumbooks7

ISBN 979-11-86036-30-3 03300
값 15,000원

이 도서의 국립중앙도서관 출판예정도서목록(CIP)은 서지정보유통지원시스템 홈페이지(http://seoji.nl.go.kr)와 국가자료공동목록시스템(http://www.nl.go.kr/kolisnet)에서 이용하실 수 있습니다. (CIP제어번호: CIP2017004560)

과학자가 경고하는
원자력발전의 진짜 문제

핵을 넘다

이케우치 사토루 지음 | 홍상현 옮김

나름북스

—

한국의 독자 여러분께

일본은 미국, 영국, 러시아, 프랑스 등 핵무기 보유국과 더불어, 또한 미국의 핵우산에 의존하는 한국 및 NATO 국가와 보조를 맞춰 2016년 10월 27일 UN총회 제1위원회(군축 분야)의 '핵무기 사용 금지 조약 협상을 위해 회의를 개최한다'라는 결의에 반대했습니다(38개국). 협상이 시작되면 억제력으로서의 핵무기 보유 및 사용이 저해되고, 세계 평화가 위험에 노출될 거라는 지극히 단순하고 근거 없는 '핵억지론核抑止論'에 매달리기 때문입니다. 그들은 핵무기 보유의 모순을 일절 고려하지 않습니다. 그중에서도 가장 심각한 건 핵무기가 전 세계로 확산하면서 오히려 세계 평화 위기가 심화하고 있다는 사실입니다.

이러한 상황에 박차를 가하듯 미국에 대외 배격주의자인 도널드 트럼프Donald Trump 대통령이 출현해 핵무장 강화·확대 정책을 내걸고, 핵우산 아래 있는 일본과 한국의 미군 주둔 비용 부담 증가를 부르짖고 있습니다. 이에 충실히 따르는 것은 한국과 일본이 핵을 중심으로 한 미국의 속박에 사로잡혀 실

—

질적 핵무기 보유국이 되는 걸 의미합니다. 더욱이 핵미사일 발사 버튼을 누를 권한이 있어 트럼프 대통령은 비정상적인 판단으로 인류 존속을 위기에 빠뜨릴 위험성마저 있습니다. 만에 하나 그런 일이 벌어진다면, 그간 핵무기 금지 노력을 게을리한 일본 정부는 인류에 크나큰 범죄를 저지르게 됩니다.

아울러 핵이 안고 있는 또 하나의 문제인 '원전' 역시 인류의 미래를 위협합니다. '핵의 평화적 이용'이라 환영받으며 오늘날 세계적으로 500기에 달할 정도로 확산돼 있지만, 다른 한편으로 독일이나 대만처럼 원전을 철폐하거나 이탈리아처럼 신규 증설을 억제하며 자연스럽게 축소하는 방향으로 나아가는 나라도 늘고 있습니다. 그 최대 이유는 1986년에 일어난 체르노빌원전 폭발과 이 기억이 희미해지기도 전에 일어난 2011년 후쿠시마원전 중대사고입니다. 과학기술이 발달한 나라로 간주되던 일본에서 대형사고가 야기되자 전 세계 사람들은 '완전한 제어가 불가능'한 원전의 기술적 한계를 강하게 인식하게 되었습니다. 결국, 원전을 잘 다룰 수 있다고 생각한 것은 인간의 오만함에 지나지 않았던 겁니다.

실제로 후쿠시마원전 사고를 통해 1기당 500년에 1회라는 원전의 중대사고 확률이 드러났습니다. 50기의 원전이 있는 일본의 경우 10년에 1회, 일각의 주장처럼 21기만 유지해도 24년에 1회의 대형사고가 발생할 수밖에 없다는 계산이 나

옵니다. 우리는 이처럼 위험한 시설을 곁에 두고 있다는 점을 분명히 인식할 필요가 있습니다. 또한, 원전은 과소지역 depopulated area[1]에 밀어붙이기식으로 세워져 노동자의 피폭 노동으로 가동됩니다. 미래 세대가 그 책임을 떠맡아야 하며, 10만 년 이상 엄격하게 관리해야 합니다. 하지만 일단 사고가 일어나면 방사능 오염으로 수십만 명의 살길이 요원해지는 비인간적인 상황에 직면할 수밖에 없습니다. 이렇듯 기술적으로도 윤리적으로도 중대한 결함이 있는 원전으로부터 한시라도 빨리 손을 떼지 않으면 끝내 세 번째 중대사고가 일어나 다수의 희생자가 나올 겁니다.

이 책은 핵무기와 원전의 완전한 철폐를 바라는 취지에서 핵의 여러 가지 문제점을 정리한 것입니다. 또한, 현대 문명의 진면목을 주시하며 시시각각 다가오는 새로운 문명으로의 전환을 어떻게 맞이할지에 관해 펼쳐온 주장을 정리했습니다.

저자로서 이 책이, 특히 젊은이들의 모임 등에서 함께 읽고 이야기를 나누는 데 쓰일 수 있다면 기쁘겠습니다.

2017년 2월
이케우치 사토루

---

1 거주 인구의 절대적 감소로 인해 인구가 희박한 지역

차례

한국의 독자 여러분께 _5

제1장 시작하며 _11

　　1. 역사의 필연 _13
　　2. 에너지원의 상황 _19
　　3. 지상자원 문명으로 _22
　　4. 이 책의 의도 _24

제2장 3·1 비키니 환초 수폭실험 60주년 _29

　　1. 경위 _31
　　2. 전쟁을 위한 과학자 동원 _36
　　3. 과학과 군사의 유착 체제 _40
　　4. 핵군비 확산의 공허한 역사 _44

　　　　1) 핵 실험의 문제
　　　　2) 핵무기의 문제
　　　　3) 핵 실험 금지 · 핵무기 감축의 문제

　　5. 여러 가지 인체 실험 _58
　　6. 메가킬로와트의 시대 _63

　　　　1) 원전 대형화의 발단
　　　　2) 일본의 원자력 개발
　　　　3) 세계의 원전 추진 현황
　　　　4) 일본의 원자력사고
　　　　5) 원전의 사고 확률 계산과 중대사고
　　　　6) 원전의 사고 확률

　　7. 역사 속으로 사라진 토륨원자로 _91

제3장 3·11 원전이 안고 있는 수많은 문제 _97

　　1. 원전의 반윤리성 _99
　　2. 원전의 위험성 _104
　　3. 안전신화에 사로잡혀 있던 우리 _112

4. 원전이익공동체의 속임수와 그 구조 _119
5. 오이원전 운전 정지 판결 _125
6. 국제원전이익공동체의 암약 _131

제4장 원전에 얽힌 복잡한 사정들 _141
1. 천재天災가 사고의 원인이 되고, 인재人災가 사고를 확대하다 _143
2. 원전을 멈추지 못하는 이유 _156
3. 에너지기본계획 _161
4. 전기요금의 속임수 _167
5. 어용학자와 원전 수출 _175
6. 원전의 재가동 _181

제5장 지하자원 문명에서 지상자원 문명으로 _189
1. 지하자원 문명의 한계와 폐해 _191
2. 지상자원 문명의 전망 _200
3. 탈원전의 비용 _209
4. 독일의 도전과 과제 _219
5. 일본은 어떨까? _228
6. 30년, 50년 앞을 내다보는 방책과 전망 _238

제6장 마치며 _243
1. 핵 철폐의 길 _245
2. '나는 생각한다, 고로 존재한다'의 시대 _248
3. 시간의 지평선을 길게 잡고 _252

추천사
윤성철 페르미의 패러독스가 인류에 던지는 질문 _257

옮긴이의 말 _263

제1장

시작하며

—

1. 역사의 필연

일본은 히로시마·나가사키에서 원폭 작렬을 체험했고, 비키니 환초 수소폭탄hydrogen bomb 실험의 피해를 당했으며, 후쿠시마원전 중대사고severe accident2로 방사능 오염에 노출됐다. 1945년 인류가 핵에너지 조작을 시작한 이래 원폭에서 수폭, 나아가 원전으로 그 이용 형태가 계속 확대되긴 했지만, 그 와중에 유독 일본인이 세 번이나 핵피해를 입은 이유는 뭘까.

물론 1954년 비키니 사건을 일으킨 수폭의 재는 롱겔라프Rongelap섬에도 떨어져 방사능 피해가 컸고, 지금까지도 주민들은 섬으로 돌아가지 못하고 있다. 또, 1986년 체르노빌원전 폭발사고로 아직 많은 사람이 후유증으로 고통받고 있거나 방사선 장애로 이미 사망했으며, 돌아

---

2 원전의 설계 단계에서 설정해 놓은 수준을 뛰어넘어 원자로의 노심이 녹아내리는 상태에 이르는 사고. −옮긴이

―

갈 수 없게 된 토지는 방치되어 있다. 그러니 엄밀히 말하면 일본인만 핵 피해를 본 건 아니다. 하지만 원폭·수폭·원전의 순으로 각각 시대를 상징하는 핵 피해를 세 번이나 입은 것이 일본인들뿐이었다는 사실은 부정할 수 없다. 역사적 우연일지 모르지만, 적어도 이러한 사실들로부터 미래를 위한 시사점을 끌어내야 하지 않을까.

그중에서도 가장 중요한 것은 핵의 문제점을 더 자세히 이해하고, 더 신중하게 핵을 취급함으로써 핵과 인간의 관계를 더욱 깊이 생각하게 하는 일이다. 이는 핵의 위협과 대응에서 한계를 파악해 국제적 모범으로 제시하는, 즉 '핵을 넘어서려는' 의지의 명확한 표명이기도 하다.

하지만 현실을 보면 이러한 조짐은 고사하고 마치 무엇에 홀리기라도 한 것처럼 점점 더 '핵의 나락'으로 빠져드는 실정이다. 미국의 핵우산 아래 요코스카橫須賀·사세보佐世保·나하那覇 세 항구를 원자력 항공모함 기지로 내어주고, 비핵非核 3원칙을 부르짖는 한편으로 밀약에 따라 미군의 핵무기 반입을 용인해왔다. 지진과 지진해일이 빈번한 나라가 54기(2017년 현재 48기)나 되는 원전을 끌어안고, 후쿠시마원전 사고에도 불구하고 재가동 기회만 노리며 원전 수출에까지 적극적으로 나서는 걸 봐도 그렇다. 실로 모순으로 가득 찬 나라다. 이런 단계에서 진정 핵을 넘어서려는 각오를 하지 않는다면, 일본은 언젠가 네 번째 핵 참사를 맞아 침몰할 수도 있다. 이러한 상상은 세계의 핵 개발사를 돌이켜보면 하나의 역사적 필연이며, 일본(인)과 핵의 밀접한 관련성을 인정하게 하는 결론으로 이어진다.

핵분열의 폭주 반응을 제어해 원폭이 개발되고, 최초로 만들어진 세 발의 원폭 중 두 발이 1945년 히로시마와 나가사키에 투하됐다. 첫 번째 원폭이 로스앨러모스 Los Alamos에서 시험 삼아 사용됐던 점을 떠올려보면, 원폭이 오로지 일본을 겨냥해 개발됐음은 말할 필요도 없다. 제2차 세계대전 이후 세계 패권을 둘러싸고 벌어진 미·소美蘇 간 대립의 배경이자 유일하게 남아있던 추축국[3] 일본이 치른 필연으로, 핵과의 고투苦鬪라는 역사의 시작이었다.

원폭의 '성공' 이후 바로 폭주하는 핵융합 반응을 이용

---

3 제2차 세계대전 중 일본·독일·이탈리아의 삼국 동맹에 속했던 나라

해 수폭이 개발됐다. 군사화된 세계에서 더욱 위력적인 폭탄을 향한 미·소 경쟁이 초래한 일이었다. 1954년 3월 1일 비키니 환초에서 벌어진 사건은 '현실적으로 사용 가능한 거대 수폭' 테스트가 원인이었다. 그 위력의 정도를 가늠하지 못한 미군은 육지가 드문 남태평양 해역을 선택했다. 마침 제5후쿠류마루第五福龍丸를 비롯해 남태평양에서 조업하던 약 1000척의 일본 어선들이 미군이 지정한 위험구역 밖으로 대피했음에도 불구하고 '죽음의 재(폭발로 인해 끌어올려진 방사능 오염 산호초)'를 뒤집어썼다. 패전 후의 일본에서 해산물은 중요한 식량원이었고, 남태평양은 더없이 좋은 참치 어장이었던 까닭에 어부들의 희생은 예견된 일이었다.

미국과 일본의 밀약으로 비키니 사건은 흐지부지 역사의 어둠에 파묻혔다. 하지만 관계자들의 피나는 노력으로 결국 문제가 공개됐고, 그것이 더 광범위한 원·수폭 금지운동으로 발전하면서 이듬해 대대적인 서명운동과 세계대회로 이어졌다. 비키니 사건은 핵으로 인한 인류 멸망 가능성에 대한 첫 경고였다. 사실 수폭은 원리상으로 얼마든지 폭발량 증대가 가능하다. 비키니 환초에서 사용된 수폭도 단 한 발로 대도시를 소멸시킬 수 있을 만큼 폭발력이 메가톤급으로 확대·증강되어 있었다. 그리고 온 세계에 몇만 발이나 되는 핵무기가 축적되면서 핵전쟁과 인류 멸망의 공포가 사람들을 짓눌렀다. 냉전이 끝나면서 핵무기 수가 줄었다고 하지만, 세계에는 아직 1만 발 이상의 핵무기가 존재한다. 또, 핵전쟁의 공포도 사라지지 않았다. 메가톤급 수폭은 폭탄의 진화가 극한에 도달한 결과였고, 비키니 사건은 그런 면에서 세계사적 의미가 있다.

호모사피엔스라면 이 단계에서 당연히 핵 개발을 끝내야 했지만, 인류는 갈수록 '새로운 핵 이용'을 향해 손을 뻗쳤다. 완만한 핵분열 반응을 제어해 전기에너지를 끌어내는 원전 개발에 손을 댄 것이다. 즉, 메가톤에서 메가와트로 노선을 전환했다(폭탄의 단위 메가M에서 전력의 단위 메가M로). 기술적으로 불완전하지만 경제이론과 현세에서의 이익만을 좇은 결과, 오늘날에는 메가킬로와트(1MkW=100만kW)가 '보통'이 되고 있다. 이렇듯 '평화적 이용'이라는 말만 앞세워 일방적으로 핵의 위력을 확대·증강해 왔으니 중대사고가 한 번 일어나면 수많은 비극이 초래될 것은 불 보듯 뻔하다. 나아가 10만 년 후의 자손들에게까지 방사성 폐기물 관리를 강요하는 무책임한 행위를 거듭하고 있다. 핵의 '평화적 이용'이라는 핑계로 이뤄지는 어리석은 행위다.

그리고 후쿠시마원전 중대사고가 일어났다. 마치 자연을 정복하기라도 한 양 교만해 있던 전문가들과 정부·관료·전력업계·언론이 안전신화를 유포해 늘 감시에 소홀하던 일본에서 이 사고는 필연이었다. 그렇다 해도 일본이라는 과학기술 선진국에서 원전 중대사고가 발생했다는 것은 세계적으로도 같은 사고가 빈발할 수 있다는 중대한 경고다. 따라서 일본은 솔선해 원전 노선을 이탈하는 것으로 이 '경고'에 따라야 한다. 후쿠시마 사고의 세계사적 의미도 같은 맥락에서 파악해야 한다. 독일은 이를 역사적 교훈으로 받아들였지만, 일본은 유감스럽게도 역사를 되돌리려 한다. 3·11 이후 현재 일본에서는 원전 재가동 노선에 힘이 실리는가 하면, 재생가능 에너지로의 전환이 차일피일 미뤄지는 가운데 심지어 원전 사고가 일어나기 이전 상태로 회귀하고 있다. 이에 비해 독일은 2022년까지 모든 원전을 정지하고, 재생가능 에너지 비율을 35%까지 높이기로 한 애초 계획을 착착 진행하고 있다. 그들과 우리 사이의 이러한 차이는 어디에서 비롯되었는가. 우리는 이런 상황을 그저 수수방관해도 좋은 걸까.

2. 에너지원의 상황

화석연료에 의한 에너지원의 역사를 살펴보자. 18세기 산업혁명 당시 석탄이 목재를 대신하게 되고, 1915년 무렵부터 석탄에서 석유로 서서히 대체됐다. 1930년경부터는 이 흐름에 천연가스가 가세했다. 에너지원 가격, 사용 편리성, 그리고 설비투자 금액에 따라 조금씩 중심축이 바뀌기도 했지만, 오늘날 이 모든 것이 함께 사용되고 있다는 점에 주목할 필요가 있다. 에너지 사용 증대와 더불어 한 가지 화석연료에만 의존함으로써 발생할 수 있는 위험 부담을 줄이고자 다각화를 진행한 결과이기 때문이다. 현재 화석연료의 중심인 석유의 확인 매장량은 50년 정도 사용할 수 있는 분량으로 추정되어 자원 고갈은 이미 눈앞에 다가와 있다. 심지어 최근 20년 새 이뤄진 급속한 수요 증가는 자원 고갈 시기가 더욱 앞당겨질 것을 기정사실로 하고 있다. 그와 동시에 화석연료의 이산화탄소 배출이 불가피한 탓에 환경문제 또한 날로 심각해지는 추세다. 안심하고 화석연료에 기댈 수 있는 시간이 얼마 남지 않은 것이다.

원전에 의존할 수 있는 기간도 그리 길지 않을뿐더러 주요 에너지원의 자리를 점하기에는 무리한 측면이 있다. 애초에 그 원료인 우라늄의 확인 매장량이 50년 정도 사용할 수 있는 양인 데다, 막대한 투자가 필요한 원자로의 수명도 50년이 채 안 되어 화석이나 석유와 비교해 그 사용 기간이 압도적으로 짧다. 이러한 예측은 원전이 늘 크나큰 위험성을 안고 있으며, 사고나 테러에 의한 방사능 오염 공포에서 벗어날 수 없어 전적인 의존이 불가능하다고 판단되는 탓도 있다. 또, 처분 장소가 확보되지 않은 채 방사성 폐기물이 누적되는 상황도 하루빨리 원전을 철폐해야 한다는 압력으로 작용하고 있다. 원전이 주요 에너지원이 될 수 없는 이유는 이것뿐만이 아니다. 원전은 전기에너지밖에 생산할 수 없고, 그 출력을 자유롭게 변환할 수 없으므로 사용 면에서 유연성이 없다. 현재 프랑스가 세계적으로 두드러진 '원전 의존국'이지만(전기에너지 총생산량의 70%를 원전에 의존한다), 그 외 나라들에서는 전기에너지 총생산량 중 30% 정도만 의존할 뿐이다. 결국, 원전은 이 정도 상황에서 역사에 종언을 고할 것이라 예측할 수 있다.

한편, 셰일오일shale oil이나 셰일가스shale gas, 메탄 하이드레이트methane hydrate 등의 비재래형non-traditional 에너지원도 주목받고 있다. 원래 채굴이 쉽지 않았는데, 새로운 기술 개발로 상황이 달라지면서(혹은 '현재진행형'이라 볼 수도 있지만), 자원 고갈의 구세주로 인식되고 있다. 하지만 이러한 에너지원들도 대부분 연료로만 사용되고, 자원의 존재 자체도 편중되어 있다. 무엇보다 채굴 과정에서 발생하는 환경파괴가 문제로 부상할 수 있다. 셰일오일(가스)의 경우 혈암shale층이라 불리는 단단한 암반에 화학약품을 뿌려 파괴한 후 오일(가스) 성분을 추출해야 한다. 메탄 하이드레이트도 온실효과가 이산화탄소의 21배에 달하는 메탄을 바다 밑에서 끌어올리는 작업이 필요하다. 그 과정에서 조금이라도 유출될 경우 환경에 미치는 악영향을 피할 수 없다. 환경 보전과 자원 획득의 양자택일이 강요되는 것이다.

3. 지상자원 문명으로

이와 같은 에너지원의 현재 상황을 볼 때, 지금이 화석연료 의존 탈피와 재생가능 에너지(자연 에너지, 혹은 지상자원 에너지라고도 부른다) 전환을 본격적으로 구상하고 실천할 시대임은 자명하다. 더욱이 현 상황에서 석유는 약품·수지·섬유·도료·비료 같은 다양한 제품 소재로서의 용도가 보다 주목받고 있기에 단순히 연료로 소비하는 일은 지양해야 한다. 이를 위해서는 주로 지상자원[4]을 통해 만들어지는 재료를 먼저 사용하도록 생활방식을 바꿔야 하는데, 이를 그린 이노베이션green innovation이라 부른다. 또한, 여기서 지상자원 문명이란 자원을 단지 에너지원뿐만 아니라 생활물자로 널리 활용하는 문명을 가리

---

4   주로 동식물로부터 얻어지는 생물자원인 바이오매스biomass를 가리킨다.

킨다.

이러한 구상은 당연히 원전과 완전히 대치해야 한다. 3·11의 충격은 현재 지하자원(화석연료와 우라늄 및 여러 금속자원)에 의존하던 문명에서 지상자원(태양광·태양열·풍력·조력·지열·바이오매스 등의 에너지원 및 생물자원)을 효과적으로 이용하는 문명으로 이행할 필요성을 강력히 제기한다. 또한, 우리 손으로 직접 공정표를 만들고 구체적으로 실천할 것을 촉구한다. 이를 위해 필요한 시간은 대략 30년에서 50년 정도일 것으로 예상하는데, 얼핏 길어 보이지만 생각보다는 짧은 기간이다. 우리의 다음 세대가 사회의 주역이 될 시대이자, 그다음 세대가 거의 전 생애를 보내는 기간이기 때문이다. 다시 말해 우리 자식 세대가 당면할 가까운 미래인 것이다.

30~50년 뒤 지상자원 문명으로 이행하기 위해 우리가 할 수 있는 일은 ① 그 의미를 확실히 파악하고, ② 구체적으로 실천 가능한 목표(프로그램)를 설정해, ③ 가능한 부분부터 실천해가는 것이다. 3·11 원전사고를 지금까지의 삶의 방식을 반성하는 계기로 삼고, 거기서 얻은 교훈을 활용해 새로운 생활 태도를 결의·실천하는 것이

우리에게 주어진 책임 아닐까. 그런 실천을 거듭함으로써 머지않은 미래에 새로운 문명의 전개를 기대할 수 있다.

4. 이 책의 의도

이 책은 이상의 취지로 썼으며, 총 3개의 축으로 구성되어 있다.

우선 2장은 필자의 지난 2014년 비키니 사건 60주년 강연 내용을 토대로 했다. 과학의 군사적 이용으로부터 핵무기 개발에 광분하는 메가톤 시대를 거쳐 대형 원전을 향해 질주하는 메가킬로와트의 시대에 접어든 전후 핵 개발사와 여기 동조해온 일본의 상황을 되짚어본다. 국제 사회의 영향으로 일본에서도 원·수폭 금지 운동과 핵무기 폐기 운동이 이뤄졌지만, 원전에서는 '핵의 평화적 이용'이라는 핑계로 안전신화가 맹위를 떨쳐왔다. 물론 정부의 정책 유도가 시민들의 의견과 적잖이 대립하는 경우도 있었지만, 결국에는 원전 추진론이 활개를 쳤다. 이와 관련해 일본이라는 나라에 근본적으로 빠진 것이 무엇인지, 왜 그렇게 되었는지 생각해볼 것이다.

이어 3장에서는 3·11 원전사고를 거치면서 제기된 여러 문제를 논한다. 원전이 안고 있는 반윤리성부터 원전사고의 위험성, '안전신화'에 사로잡혀 있는 우리, '원전이익공동체'의 속임수와 그 구조, '국제원전이익공동체'의 암약 등 수면 위로 떠오를 여러 문제점을 다룬다. 또한, 유일하게 '밝은' 화제로, 후쿠이福井 현 오이원전 운전정지 소송의 획기적 판결과 그 의미를 반추한다. 지진과 지진해일이 빈번한 일본은 원전입지에 최악의 환경인데도 왜 원전 의존이 국책으로 추진됐는지 과학자의 처지에서 생각해본다. 이는 자본주의의 주구가 돼버린 과학자의 존재와 뗄 수 없는 문제이자 앞으로 과학이 지향할 모습과도 깊이 연관되기 때문이다.

4장에서는 원전에 얽힌 복잡한 사정들을 다룬다. 우선 '천재와 인재의 관계'라는 측면에서 볼 때, 원전사고는 천재가 원인이 되고 인재가 사고를 확대하는 전형적 사건이다. 이는 현대에 존재하는 사고의 새로운 양상이라고도 할 수 있다. 이어서 '왜 원전을 멈출 수 없는가'를 논의한다. 물론 그 배경에는 일본의 에너지정책이 있으므로,

—

2014년 4월 국무회의에서 결정된 '에너지기본계획'의 내용을 검토한다. 아울러 원전이 내포한 사고 발생 가능성을 다루며, 원전에 드는 비용을 은근슬쩍 부담지우는 전기요금의 속임수도 정리한다. 또한, 화제를 바꿔 어용학자들이 주로 어떤 분야에서 활동하는지, 그 이유는 무엇인지 생각해본다. 마지막으로 원전 재가동과 관련해 원자력규제위원회 심사의 문제점을 다양한 각도에서 비판한다.

5장에서는 필자가 전부터 주장해온 '지하자원 문명에서 지상자원 문명으로의 전환 구상'의 대강을 서술한다. 이 방면에서 대단히 앞서 있는 독일에서는 어떻게 이것이 가능했는지, 또한 독일이 안고 있는 과제는 무엇인지 논의한다. 단순히 독일을 본받아야 한다고만 주장하기는 어렵지만, 일본에는 나름의 유리함을 활용할 수 있는 길 또한 존재한다. 그러한 내용을 부감하면서 30~50년 후 펼쳐질 지상자원 문명의 전개와 이를 위해 설정해야 할 목표를 살펴본다.

마지막으로 6장에서는 핵을 철폐하기 위해 우리가 해야 할 일을 논의한다. 과학기술이 완숙기에 접어든 현대에서야말로 데카르트René Descartes의 '나는 생각한다. 고로 존재한다'는 말을 깊이 되새겨야 한다. 따라서 미래 세대에 문제를 떠넘기는 어리석음을 반복하지 않기 위한 삶의 방식을 제안한다.

제2장

3·1 비키니 환초 수폭실험 60주년

一

1. 경위

2014년 3월 1일은 마셜제도Marshall Islands 비키니 환초에서 있었던 미군의 수폭실험으로 제5후쿠류마루가 죽음의 재(방사성 낙진) 피해를 본 지 60년이 되는 날이다. 제5후쿠류마루는 비키니 환초에서 160킬로미터 떨어진 곳에서 조업 중이었으며, 미군이 설정한 위험수역에서도 30킬로미터 밖에 있었다. 당시 이 해역에서 1000척 가까운 일본 어선들이 조업하고 있었으니 죽음의 재에 피폭된 사람은 2만 명이 넘을 것으로 추정되지만, 문제가 된 건 제5후쿠류마루 뿐이었다. 방사능에 오염된 참치가 특종 기사로 다뤄지고, 승조원이었던 구보야마 아이키치久保山愛吉 씨가 방사선 장애radiation injury[5]로 보이는 병으로 9월 23일 숨졌기 때문이다.

수폭실험은 '캐슬 작전Operation Castle'이라 불리는데, 비키니 환초와 에니위톡Eniwetok 환초에서 1954년 이뤄진 총

6회의 미군 핵 실험 중 첫 번째였다. 원폭에 이어 보다 큰 폭발력을 기대하며 수폭 개발에 뛰어든 미군은 1952년 극저온으로 냉각시킨 중수소와 삼중수소의 핵융합으로 인류 최초의 수폭실험[6]에 성공했지만, 실험실 안에서 얻어진 결과였기에 실제 무기에 적용할 수는 없었다. 여기에 중수소와 삼중수소를 리튬과 결합하는 개량작업으로 고체화시킴으로써 가볍고도 크기가 작은 건식수폭 개발을 의도한 실험이 '캐슬 작전'이고, 3월 1일 최초로 진행된 것이 '브라보bravo 실험'이다. 현실에서 사용 가능한 수폭이 등장한 것이다.

애초 미군은 핵 폭발력을 4~8메가톤 정도로 예상해 위험 수역을 좁게 설정했지만, 막상 실제 폭발력이 15메가톤이나 되는 바람에 광범위한 방사능 오염이 발생했다. 수폭의 폭발력은 히로시마와 나가사키에 투하된 원폭(대략 TNT화약 15킬로톤 정도의 폭발력)의 1000배였다. 그 결과로 오염 지역까지 확대된 최악의 폭발사고가 되고

---

5 방사선을 쬔 사람에게 일어나는 장애. 방사선 숙취, 방사선 피부염, 백혈구 감소, 위장 장애, 생식기 장애에 의한 생식 불능, 눈의 수정체 · 결막 · 각막 장애 등을 들 수 있다. ―옮긴이

6 당시 수폭은 온식warm type이었다.

말았다.

심지어 비키니 환초에서 200킬로미터 동쪽에 있는 롱겔라프섬에까지 죽음의 재가 대량으로 떨어져 다수의 피폭자가 나왔다. 주민 64명은 실험이 있은 지 3일 후 강제 이주되어 치료를 받았는데, 이 핵 실험이야말로 사실상 인체 실험이었다. 3년 후 안전 선언으로 주민들은 롱겔라프로 복귀했지만, 많은 사람이 악성종양이나 백혈병에 걸렸으며 오늘날까지 방사능에 오염된 섬의 문제는 미해결인 채로 남아 있다.

제5후쿠류마루 피폭사건은 일본에서 원·수폭 금지운동이 일어나는 계기가 되었다. 도쿄 도 스기나미杉並 구의 한 주부가 시작한 반핵 서명운동이 전국으로 확대되면서 1955년부터 원·수폭실험 금지 세계대회로 이어졌다. 수폭실험으로 깨어나 도쿄에 출현한 괴수가 여기저기 방사능을 흩뿌린다는 설정의 영화 〈고지라ゴジラ〉도 비키니 사건 직후 제작되어 큰 성공을 거뒀다. 공습과 원폭의 공포, 그리고 고지라의 습격과 제5후쿠류마루의 피폭 등이 겹쳐지면서 사람들의 반전反戰 정서가 재확인된 것이다.

—

이러한 '반핵의 기운'이 반미운동으로 옮겨가는 걸 우려한 미국 정부는 피폭사건이 큰 문제로 발전할 것을 의식해 구보야마 아이키치 씨의 사인이 '방사능이 아닌 산호초의 화학적 영향'이라 주장하며 일체의 책임을 부정했다. 일본인 의사단은 사인을 '방사선 질환radiation sickness'으로 봤지만, 미국은 중증의 간 기능 장해(주사침으로 인한 간염바이러스 감염) 때문이라는 견해를 굽히지 않았다. 한편 일본 정부는 전후 복구를 위해 미국의 원조가 필요한 데다 원자력 기술 수입을 고려하고 있었기 때문에 미국과의 원만한 해결을 원했다. 그로 인해 '미국 정부의 책임을 추궁하지 않겠다'고 확약함으로써 사건을 종결하려 했다. 그 결과 미국은 1955년, 배상금이 아니라 호의에 따른 위문금이라는 명목으로 200만 달러를 지급했다. 그래서 결국 제5후쿠류마루가 휘말린 비키니 사건은 핵 실험에 의한 피폭(또는 방사선 피폭) 사건으로 규정되지 못한 채 마무리되기에 이른다.

하지만 막상 그해 3월에서 8월 사이 남태평양 실험 구역에서 조업한 어선들을 검사했더니 생선에서 방사성물질이 검출되어 '오염된 참치'가 대량 폐기되는 일이 일어났다. 이 일로 츠키지築地어시장에는 '원폭 참치 추모비'가 생겼으며, 현재도 '제5후쿠류마루 기념비'와 함께 이설되어 있다. 아울러 방사성물질이 넓은 바다로 확산하면서 그 농도도 옅어졌다는 말이 있었지만, 1954년 5월부터 7월까지 '슌코츠마루俊骨丸'를 비키니 환초로 파견해 조사한 결과 이것이 사실이 아님을 밝혀낸 건 높이 평가할만하다. 해류가 순환하는 곳까지 핫 스폿hot spot[7]이 생기고, 먹이사슬에 따른 농축효과가 겹치는 등 농도가 옅어졌다는 말도 낭설임이 증명됐다. 이 일은 방사능 오염으로 인한 농수산물 피해의 효시였으며, 이때 처음 등장한 핫 스폿이 후쿠시마 사고 당시에도 수없이 나타났다.

이처럼 비키니 사건은 수폭이 메가톤급 초대형 무기로 출현한 시점에 발생한 피폭사건이자, '최초의 원폭 세례'를 받은 나라인 일본이 수폭 세례마저 세계 최초로 받은 사례였다.

---

7 오염이 심한 지점. ─옮긴이

2. 전쟁을 위한 과학자 동원

나라의 '파워'를 구성하는 세 가지 요소가 있다. 파워를 직접 나타내는 '군사력', 이를 조달하는 '경제력', 그리고 군사력을 배후에서 지원하는 '과학기술력'이 그것이며, 이 세 가지 중 어느 것에 역점을 둘 것인지의 변천을 '파워 시프트power shift'라 한다. 오늘날에는 과학기술의 성과를 권력이 어떻게 수용하는지에 따라 나라의 방향이 결정된다. 과학기술의 성과는 사람들의 생활과 생산력 제고에 도움이 되지만, 사람을 죽임으로써 전쟁에서 유리해지는 수단으로도 사용되는 양면성이 있기 때문이다. 바로 이 지점에 집중해 전쟁이 일어나면 그 특별한 능력을 이용하려 과학자들로부터 군사적 조언을 얻기도 했다. 20세기에는 과학기술이 크게 발전함에 따라 하나의 계층stratum이 된 과학자들을 군사적 목적을 위해 조직적으로 동원하는 일이 벌어졌다.

그 효시가 제1차 세계대전 당시의 독가스전이며, 이를 대표하는 인물이 프리츠 하버Fritz Haber[8]다. 그는 공중질소(atmospheric nitrogen, 대기 중의 유리질소) 고정법을 발견해 질소비료를 쉽게 얻어내는 데 성공, 농업혁명을 일으킨 것으로 유명하다. 하지만 다른 한편으로 그는 '과학자란 평화로울 때는 국제주의자이지만, 전쟁이 시작되면 한 사람의 병사이자 애국자가 되어야 한다'는 신조를 지닌 사람으로, 날로 고조되던 '독가스 전쟁'에 빠져들었다. 이렇듯 전쟁은 과학자를 조종해 '애국자'로 만들고, 그들의 지적 능력을 군사 분야에 이용한다. 독일은 이미 제1차 세계대전 시점에 과학자를 징병 대상에서 제외하고, 군사 연구를 위해 소집하는 특별 우대 제도를 정비해뒀다. 데라다 도라히코寺田寅彦[9]는 〈전쟁과 기상학〉(1918년)이라는 에세이에서 적지의 기상 상황을 연구하지도 않고 전쟁을 일으키는 어리석음을 지적하면서 전쟁에서 승리하기 위해서는 과학을 동원해야 한다고 주장했다. 전쟁을 위한 과학자의 동원이 과학자들에게도 당연시됐다.

실제로 제1차 세계대전에 출현한 전차와 잠수함(U보트) 그리고 비행기는 과학자의 협력이 없었다면 세상에

---

8 독일의 화학자. 질소와 수소로 암모니아를 합성하는 방법을 연구해 1918년 노벨화학상을 받았지만, 제1차 세계대전 당시 독가스 개발과 살포를 주도해 '독가스전의 아버지father of chemical warfare'라고도 불린다. —옮긴이

9 일본의 문인이자 과학자. 일본 근대 물리학의 대표 주자다.

나올 수 없던 것들이다. 특히 비행기는 1903년에 라이트 형제Wright brothers가 동력이 장착된 비행물체를 키티호크 Kitty Hawk에서 약 1분간 250미터쯤 비행시키면서 막 가능성을 개척한 참이었다. 그런데 1911년에는 어느새 정찰기가 출현했고, 1916년에는 고타Gotha 폭격기가 전장에 투입되기에 이른다. 겨우 13년만에 비행기가 이렇게까지 진화한 예를 보면, 전쟁을 유리한 방향으로 이끌기 위해 과학자가 동원된 것은 분명한 사실이다.

제2차 세계대전에서는 특수 프로젝트를 진행하며 과학자를 조직적으로 총동원했다. 그 전형이 원폭 개발을 위한 맨해튼계획Manhattan Project으로, 오펜하이머Robert Oppenheimer를 위시한 미국 과학자들은 물론 페르미Enrico Fermi 등의 망명 과학자들까지 포함해 대부분의 물리학자가 동원됐다.

1938년 말 독일의 오토 한Otto Hahn과 프리츠 슈트라스만 Fritz Strassmann에 의해 우라늄의 핵분열이 발견됐고, 1942 년 맨해튼계획이 시작된 지 3년 만에 원폭이 완성됐다. 독일에서도 하이젠베르크Werner Karl Heisenberg를 중심으로 원폭 개발이 진행됐지만, 오히려 원자로에 가까운 결과

물이 나온 상태에서 종전을 맞았다. 일본에서는 니시나 요시오仁科芳雄가 육군에서, 아라카쓰 분사쿠荒勝文策가 해군에서 각각 원폭 개발 위탁을 받았지만, 둘 다 자금 및 자료 부족으로 착수 단계조차 벗어나지 못했다. 하지만 일단 두 나라 모두 저명한 과학자를 원폭 개발에 동원한 건 분명한 사실이다.

그 밖에 레이더(radar, 살인광선) 개발도 진행됐는데, 미국에서는 라비Isidor Isaac Rabi, 일본에서는 도모나가 신이치로朝永振一郎 등이 동원됐다(이 레이더는 훗날 전자레인지에 활용됐다). 또, 제트기 개발을 위해 항공과학 연구자들이 동원됐는데, 제트기가 완성된 건 아니었으나 고속폭격기가 태어났다. 독일에서는 폰 브라운Wernher von Braun이 로켓을 개발해 런던 공습에 이용했다. 일본에서는 의학자들이 참가한 가운데 731부대가 생화학무기를 연구했다. 독일에서도 화학자들이 사린Sarin가스와 같은 독가스를 개발했다. 그 밖에도 혈액과 페니실린 연구 등 전쟁과 관련된 의학 연구가 다양하게 이뤄졌다. 이런 식으로 과학 연구와 군사 개발이 서로 깊은 연관을 맺는 체제가 형성된 것이다.

아래 표는 1860년 미국의 남북전쟁American Civil War을 기

100년에 걸친 폭탄의 '진화'			
시기	폭발력	비상거리	희생자 수
1860년	20킬로그램	10km	5명
제1차 세계대전	2톤	100km	50명
제2차 세계대전	20킬로톤	4000km	20만 명
1960년	20메가톤	10000km	200만 명
	10억 배	1000배	40만 배
폭발력 비행거리 = 1조 배			

* 킬로톤은 1000톤 , 메가톤은 100만 톤

점으로 1960년까지 한 세기 동안 이루어진 폭탄의 파괴력 증강을 정리한 것이다. 과학자들의 군사 협력 없이 폭탄의 '진화'는 실현될 수 없었는데, 과학기술의 힘이 나라의 파워를 향상하는 데 얼마나 큰 역할을 하는지 잘 말해준다.

3. 과학과 군사의 유착 체제

종전 이후 미국에서는 과학자들이 모두 대학으로 돌아갔기 때문에 눈에 보이는 군사 연구 동원 체제도 끝난 것처럼 보였지만, 실상은 그렇지 않았다. 현실적으로 진행된 것들은 다음과 같다.

① 대학으로 돌아간 과학자들은 전쟁에 협력해 승리를 거둔 것에 자신감을 느껴 군사 협력에 대한 심리적 장애가 감소했다.

② 아울러 대학의 과학자들은 군사 협력을 제공하면 윤택한 자금과 자료를 보장받을 수 있어 연구 수행에 유리하다는 걸 깨달았다.

③ 군 당국은 독자적으로 군사 전문 연구기관을 설치했고, 군사 연구만 전담하는 과학자를 고용해 군사 개발 연구를 진행하게 했다.

④ 동시에 그 군사 연구자는 대학(혹은 연구기관)에서 진행되는 민간 연구를 물색해 군사적 이용이 가능할 만한 것에 자금을 제공함으로써 공동연구를 조직하게 되었다.

우선 ①, ②에서도 언급된 바와 같이 제2차 세계대전 이후의 특기사항은 대학(혹은 연구기관) 소속 과학자들의

—

군사 연구에 대한 심리적 장애가 감소한 것뿐만 아니라, 군사 협력을 당연시하는 분위기가 퍼졌다는 점이다. 이에 따라 일부러 과학자들을 동원하기 위한 체제를 꾸릴 필요가 없어졌다. 또, ③으로 인해 일상적인 군사 연구 체제가 구축됐으며, ④로 인해 조금이라도 군사적 이용이 가능한 민간 프로젝트라면 그 역시 채용해 자금을 제공함으로써 군사적으로 활용한다는 방책이 등장했다. 이러한 방식은 미국 국방성 방위고등연구계획국(Defense Advanced Research Projects Agency, DARPA)이 채택하고 있는데, 연간 예산이 무려 3000억 엔에 달한다.

인터넷과 로켓은 군사기술에서 스핀오프spin off[10]되어 민간기술이 되었고, 레이더와 인공지능은 민간기술에서 스핀온spin on[11]되어 군사기술이 되었다. 군사기술과 민간기술을 가리지 않고, 실제로 그 기술이 무엇에 이용되는지에 따라 구분하는 것이다. 그런 관점에서 보면 아무리 순수하게 민간을 위해 개발된 기술이라도 얼마든지 군사

---

10 정부출연기관의 연구원이 자신이 참여한 연구 결과를 가지고 창업할 경우 정부 보유의 기술 사용에 따른 로열티를 면제하는 제도. —옮긴이

11 민간기술이 군사기술에 재활용되는 현상. 스핀오프의 반대 의미. —옮긴이

분야에 응용될 수 있다. 그렇게 기술 개발을 군사 분야에 적극적으로 활용하고자 한 것이다. 이에 따라 대학(혹은 연구기관)의 과학자들은 순수하게 민간기술을 추구한다는 생각으로, 떳떳하지 못하게도 군으로부터 자금을 받아 연구에 매달린다. 한편, 군사과학자들은 그 기술을 단지 군사 분야에만 응용하면 되므로 이러한 분위기는 쌍방 모두에게 장점이 된다. 제2차 세계대전 이후 이 같은 과학의 군사 협력이 일상화되면서 과학과 군사의 유착 체제가 구축됐다.

최근 일본에서도 DARPA의 이러한 방식을 채택하려 한다. 방위성이 대학(혹은 연구기관)과의 공동연구 추진을 위한 전문부서 '기술관리반技術管理班'을 설치하고, 기금제도(경쟁적 자금)까지 창설해 방위성 기술연구본부와의 제휴 연구를 강화하기로 한 것이다. 아울러 종합과학기술회의가 주최하는 '혁신적 연구개발 추진 프로그램ImPACT'이라는 하이리스크 하이임팩트High Risk High Impact 연구개발 프로그램에서도 'DARPA모델을 참고'한다고 명기되어 있다. 미국의 군사 개발 체제를 흉내 내어 일본도 과학자들의 군사 협력(군학공동)을 본격적으로 추진하려는 것이다.

4. 핵군비 확산의 공허한 역사

전후 70년은 미친 듯이 핵군비를 확산하며 무의미한 지출을 계속해온 시대였다(이 재정 부담이 소련 붕괴 원인 중 하나였을 것이다). 냉전이 일단락되면서 핵무기 개발에 긴축재정이 시행됐지만, 아직도 핵대국核大国들은 '핵억지론核抑止論'과 그 폐해에 커다란 딜레마를 느낀다. 핵무기 없는 세계를 촉구한 오바마 대통령의 프라하 연설은 이러한 딜레마에 대한 솔직한 고백이다. 그럼 핵군비 확산과 핵 감축의 공허한 역사를 간단히 더듬어보자.

1) 핵 실험의 문제

'원폭실험 → 수폭실험 → 중지'의 흐름

미국	1945년 원폭 → 1954년 수폭 → 1992년 중지
소련	1949년 원폭 → 1955년 수폭 → 1991년 중지
영국	1952년 원폭 → 1957년 수폭 → 1992년 중지
1963년 미국 · 소련 · 영국에 의한 부분 핵 실험 금지조약 (PTBT)	
프랑스	1960년 원폭 → 1968년 수폭 → 1996년 중지
중국	1964년 원폭 → 1967년 수폭 → 1996년 동결
1970년 미국 · 소련 · 영국 · 프랑스 · 중국이 중심이 된 핵확산 금지조약 (NPT)	
인도	1974년 원폭 → 1998년 수폭
파키스탄	1998년 원폭
북한	2006년 원폭

그 첫 번째인 '원폭실험 → 수폭실험 → 중지'라는 흐름을 살펴보면 위의 표와 같다.

　이를 통해 모든 나라가 마치 판박이처럼 우선 원폭 개발에 착수하고, 완성되면 반드시 수폭에 손을 댔음을 알 수 있다. 수폭은 원폭의 폭발력을 이용한 고온상태가 도화선이므로 우선 원폭 개발이 불가결하다. 바꿔 말하면, 원폭이 성공하면 그것을 응용해 더욱 폭발력이 큰 수폭에 반드시 손을 댄다는 것이다. 그리고 이러한 기술까지 완성되면 이미 그 이상의 폭발력은 무의미하므로 개발이 중지(혹은 동결)된다. 무기 제작이란 순서가 정해진 작업으로, 일단 노하우를 알면 새롭게 첨가될 요소가 적다. 즉, 원·수폭 제작은 이미 완성된(정체된) 기술이라는 것이다. 이는 원폭 개발에 뒤늦게 뛰어든 나라들이 다른 나라들을 따라잡는 시간이 점점 짧아진다는 점으로도 추측할 수 있다. 다시 말해 핵무기 확산이 쉬워진 상황이다. 시간에 비례해 기술의 축적과 세련화가 진행되면서 원폭 개발 과정 또한 쉽게 따라잡을 수 있게 되었기 때문이다.

　특히 흥미로운 점은 1963년의 부분 핵 실험 금지조약(이하 PTBT)과 1970년의 핵확산 금지조약(이하 NPT)을 통해 핵 실험·핵무기 관리에 대한 정치적 의도를 읽을 수 있다는 것이다. 최초의 PTBT는 미국·소련·영국 세 나라가 체결한 대기권 내에서의 핵 실험 금지조약으로, 핵 실험에 의한 대기나 해양의 방사능오염이 국제 사회 문제로 주목받은 것이 계기였다. 그 밖에도 앞서 핵 개발을 진행한 세 나라가 핵기술을 독점하려는 의도 또한 작용했다. 대기권에서의 핵 실험이라면 이른바 공개실험이므로 노하우를 도둑맞을 가능성이 있다. 더욱이 대기오염과 비를 통한 확산·해수오염 등으로 국제 여론의 비판도 피할 수 없다. 따라서 대기권에서의 실험을 주 1회꼴로 실컷 진행하던 조약 당사국들이 막상 다른 나라들의 핵 실험은 쉽지 않도록 PTBT를 체결한 후 자신들은 지하 실험을 진행하지 않았을까 하는 의심마저 든다.

뒤이어 프랑스와 중국이 독자 핵 개발에 뛰어들었다. 이들과 미국·소련·영국은 제2차 세계대전의 전승국이자 UN 상임이사국이었기에 그 양상에 큰 차이가 나타나지는 않았다. 그렇게 후발주자인 프랑스와 중국이 기술적 완성을 이루기를 기다렸다가 1970년에 이르자 NPT를 맺은 것이다. NPT는 (재검토회의 등 조약의 문제점을 여러 각도에서 검토 · 수정하려는 적극적인 노력도 있었음을 부정하지는 않지만) 핵무기를 보유한 5개 대국의 핵 독점이라는 특권적 지위를 전제한 조약이다. 따라서 그 밖의 나라들과 크나큰 불평등이 존재한다(5개 핵보유국 이외의 나라는 원전을 포함한 핵 관련 시설에 무조건 국제원자력기구IAEA의 사찰을 받아야 한다). 현재도 핵 군축회의가 UN을 무대로 열리지만, 이들 핵보유국의 핵 군축에 대한 소극적인 자세가 큰 난관으로 작용한다. 인도는 이 불평등을 문제 삼으며 애초부터 NPT에 불참했는데, 이런 맥락에서 보면 그들의 불만이 이해되지 않는 것도 아니다.

1990년대에 이르러 원 · 수폭실험을 중지(동결)한 것은 소련의 붕괴로 냉전이 끝나버렸기 때문이다. 하지만 핵무기 기술이 이미 완성 단계에 도달해 언제라도 중지할 수 있는 상황이었다. 결국, 소련 붕괴라는 '계기'가 필요했던 것이다. 이 역시 배경에 나름의 정치적 의도가 있었음을 보여주는 대목이다.

지금까지 확인된 세계의 핵 실험 횟수는 공식적으로 2113회 이상(실수로는 2379회)이었던 것으로 보고된다. 국가별로는 미국 1065회, 소련 · 러시아 738회 이상, 영국

47회, 프랑스 210회, 인도 3회, 파키스탄 2회, 북한 3회 등이다. 1회당 폭발력을 평균 200킬로톤으로 계산하면 도합 400메가톤 이상인데, 이 얼마나 허무한 실험이 이어진 것인가.

2) 핵무기의 문제

원폭과 수폭은 부속 설비까지 포함하면 전체 중량 2톤 정도의 탄두로, B-52 같은 전략폭격기에 탑재해 전장까지 운송한다. 혹은 핵탄두를 좀 더 작게 만들어 여러 개를 로켓의 앞쪽 끝부분에 장착해 상공에서 복수의 목표를 향해 독립적으로 비상(MIRV: 다탄두 각개 목표 재돌입 비행체)하는 ICBM(대륙간탄도미사일)이나 SLBM(잠수함발사탄도미사일)도 있다. 이런 것들을 전략 핵무기라 하는데, 한 개의 탄두가 가진 폭발력이 0.2에서 5메가톤이다. 미사일 한 기당 세 개에서 열 개의 탄두가 장착되어 있어 전쟁의 흐름을 좌우할 수 있는 중요한 무기다. 이와는 별개로 소형 전략 핵무기는 15에서 50킬로톤 정도의 폭발력을 지니며, IRBM(중거리탄도미사일)에 장착되므로 실전에서의 사용을 상정할 수 있다.

이러한 핵무기 탄두 수가 최대에 달했던 건 1985년의 일로, 전 세계에 6만 5천 개가 있었다(미국이 3만 5천 개, 소련이 3만 개 정도를 보유했던 것으로 추정된다). 미·소가 각축하던 냉전시대니 양국은 미친 듯이 핵무기를 비축했다. 적의 공격 능력을 과대평가하고, 이를 웃도는 요격 능력을 갖춰야 한다면서 핵무기의 확충과 고도화에 힘쓴 결과였다. 어림잡아 전 세계에 1만 3천 메가톤 분의 폭발력(평균 0.2메가톤 = 200킬로톤의 핵탄두가 6만 5천 개에 달했으므로)이 존재했으니, 이를 65억이라는 인구수로 나누면 1명당 2톤이다. 지구에 존재하는 인구의 몇 배를 죽일 수 있는 핵무기가 쌓여 있었던 것이다.

냉전이 끝나고 조금은 냉정해진 세계는 이 비정상적인 핵무기 개발 경쟁을 의식하고 핵무기 감축 교섭을 진행한다. 어디까지나 군사력의 우위를 무너뜨리지 않는 표면상의 감축이었던 까닭에 성과가 무척 천천히 나타나기는 했지만, 어찌 됐든 핵무기 감축이 진행된 건 분명하다. 핵무기 유지를 위한 경제적 부담을 조금이나마 줄일 수 있다는 인센티브도 작용했을 것이다. 개발에 막대한 자금이 들지만 정작 핵무기가 사용된 일은 한 번도 없었

기 때문에 사람들이 그 존재 의의에 의문을 갖게 됐다는
것 또한 부정할 수 없다.

2013년 8월 현재 세계의 핵무기 총수는 1만 7300개
이며, 미국 7700개, 러시아 8500개, 영국 225개, 프랑
스 300개, 중국 250개, 인도 100여 개, 파키스탄 110개,
북한 10개 이하, 이스라엘 80개(추정) 등이다.[12] 그 밖에
NATO 가입국(네덜란드, 독일, 이탈리아, 벨기에, 터키 등)에
배치된 IRBM에 장착된 핵무기도 있다.

사실 제2차 세계대전 이후 세계에서는 5년에 1개국꼴
로 핵무기 보유국이 증가했다. 소련을 구성하던 자치공
화국들이 핵무기를 차례차례 보유하게 되었기 때문이
다. 그러다가 소련의 붕괴로 독립자치공화국으로 이행하
면서 카자흐스탄(1995년), 우크라이나(1996년), 벨라루스
(1996년) 등은 핵무기를 철폐했다. 남아프리카도 일단 핵
무기를 보유했다가 1991년 자체 폐기했다.

일본의 경우 '잠재적 핵무기 보유국'이라 불리기도 한
다. 일본은 방사성 폐기물 재처리를 통해 원폭 재료인 플

---

12 나가사키대학 핵무기철폐센터RECNA 홈페이지 참조.

—

루토늄을 대량으로(국외에 30톤, 국내에 10톤) 소유하고 있고, 과학기술 면에서 앞서 있어 마음만 먹으면 짧은 시간에도 핵무기를 만들어낼 수 있다고 여겨진다. 이러한 의혹을 해소하기 위해 플루토늄을 통상적인 원전의 연료로 사용하는 플루서멀^{Plu-thermal} 계획이 진행되고 있지만, 축적되는 양이 소비되는 양보다 많아 플루토늄을 줄이는 데는 도움이 되지 않는다. 게다가 핵무기를 보유해야 한다고 공언하는 정치가까지 있다 보니 세계의 다른 나라들은 일본이 언젠가 핵무기 보유국으로 돌아설지 모른다고 우려한다.

비록 줄어들었다고는 하지만 아직 세계에는 1만 7천 개 이상의 핵무기가 존재하므로 핵전쟁의 위기가 사라진 건 아니다. 또한, 사고로 인해 우연히 핵전쟁이 발발할 가능성도 있다. 일단 전면적인 핵전쟁이 일어나면 '핵겨울'이 지구를 엄습해 막대한 수의 희생자가 나올 것이다. 핵겨울은 핵폭발에 의한 먼지와 그을음이 지구를 뒤덮으면서 태양빛을 가려 지구가 한랭화^{寒冷化}되는 것이다. 방사능 오염뿐만 아니라 그로 인해 농업이 괴멸되면서 식량 부족이라는 연쇄 반응이 일어나 지구와 인류가 치

—

명타를 입을 것임은 두말할 필요도 없다. 핵전쟁의 위기를 벗어날 방법은 핵 철폐뿐이지만, 이는 절대 쉽지 않은 길이기도 하다. 미국과 러시아의 핵무기 보유 수가 현재의 10분의 1 이하인 세 자릿수가 되면 대번에 전면 폐기를 논의할 만한 분위기가 조성될 가능성도 있다. 아직 과도기지만 최대 6만 5천 개였던 핵무기가 1만 3천 개로 5분의 1 정도까지 감소했다는 것에 희망을 품고 핵 군축의 압력을 이어가야 할 것이다.

지금까지 미국 정부는 국제 분쟁에서 핵무기 사용을 검토했던 일이 몇 번 있다. 실제로 핵무기 사용 직전까지 치달았는지, 국무회의에서 검토하는 단계에서 그쳤는지는 알 수 없지만, 내가 정확하게 기억하는 것만 해도 세 번이다. 첫 번째는 1950년 한국전쟁 당시로, 열세이던 UN군(실질적으로는 미군과 한국군)이 잠깐 한반도 남부까지 밀려났던 시기다. 두 번째는 1962년 10월의 이른바 '쿠바 미사일 위기Cuban missile crisis' 때다. 쿠바 미사일 위기는 흐루시초프Nikita Khrushchyov가 이끌던 소련군이 근거리 미사일의 쿠바 국내 도입을 시도해 케네디John F. Kennedy 대통령이 핵무기 사용을 검토하며 철거를 압박한 사건이다. 사건을 박진감 있게 전하는 다큐멘터리가 나와 있는 걸 보면, 실제로 당시 상황이 핵전쟁 직전까지 치달았음을 알 수 있다. 그렇게 흐루시초프와 케네디는 대국의 체면을 놓고 대립했지만, 최종적으로는 핵전쟁을 피하는 길을 택했다. 세 번째는 1968년 2월 베트남 전쟁에서 벌어진 '케산Khe Sanh 전투(당시 미군과 남베트남군이 건설한 케산 기지를 북베트남과 남베트남의 게릴라들이 공격해 도로 빼앗으려는 과정에서 벌어진 전투)'다. 당시 수세에 몰린 미군은 국지적 핵무기 사용을 검토했다. 이 전투에서 승리한 북베트남군은 호치민 루트Ho Chi Minh Trail를 활성화해 이듬해의 테트 공세(Tet Offensive, '구정 공세'라고도 한다)에서 승리를 거둠으로써 자신들에게 유리한 방향으로 전세를 이끌었다.

그 밖에도 1956년 10월 수에즈 위기Suez Crisis [13], 1958년 8월의 타이완 해협 위기[14], 1979년 11월부터 1981년 1월까지 벌어진 이란 위기(주이란 미국 대사관 인질 사건) 등이 있다. 미국은 막다른 길에 몰렸다고 느낄 때마다 핵무기

---

[13] 이집트 대통령 나세르Gamal Abdel Nasser의 수에즈 운하 국유화 선언으로 제2차 중동 전쟁이 발발했다.
[14] 중국의 인민해방군이 진먼金門섬에 포격을 개시하자 타이완이 이에 응전하면서 벌어진 공방.

사용을 검토했지만, 막상 현실화될 경우 국제적으로 고립될 가능성을 우려해 단념했다. 그런 의미에서 '핵전쟁 반대'와 '핵무기 철폐'를 요구하는 국제 여론의 고양이 핵전쟁을 막는 억지력으로 작용했음을 알 수 있다.

3) 핵 실험 금지 · 핵무기 감축의 문제

1954년 비키니 사건을 계기로 핵 실험 금지운동이 시작되어 이듬해인 1955년 제1회 원 · 수폭 금지 세계대회가 히로시마에서 개최됐다. 이후 이 운동은 핵무기 철폐를 요구하는 움직임으로 퍼져 현재까지 이어지며, 확고한 국제 여론을 형성하고 있다. 이러한 여론이 NPT 재검토회의와 NPDI(핵 비확산 · 군축 이니셔티브) 회의로 이어지며 국제 사회의 강력한 평화 세력을 구축했기 때문이다. 핵보유국들은 한편으로는 핵억지론에 근거해 핵무기를 증강하면서도, 다른 한편으로 국제 여론에 밀려 핵 군축을 진행하지 않을 수 없는 딜레마에 봉착해 있다. 핵 실험 금지와 핵무기 감축의 움직임을 정리하면 다음과 같다.

1963년 PTBT (미국 · 소련 · 영국)

지하를 뺀 대기권 내 · 우주공간 · 수중에서의 핵 실험을 금지하는 조약. 기술력이 낮은 나라에서의 핵 개발을 억제하는 효과는 있었지만, 앞서 보유한 핵무기를 독점하려는 세 나라의 의도를 부정할 수 없다.

1970년 NPT (미국 · 소련 · 영국 · 프랑스 · 중국)

핵보유 5개국에 '성실히 핵 군축 교섭을 진행할 의무'를 부과하는 한편, 그 밖의 비핵보유국에는 '핵무기 제조 · 취득 금지'와 'IAEA에 의한 보장 조치(사찰) 수용 의무'를 부과하고 있다. 원래 25년이라는 기한이 설정되어 있었으나 1995년 재검토회의에서 무기한 연장됐다.

1972년 제1차 전략무기 제한 협정(SALT I , 미국 · 소련)

탄도미사일 수의 제한을 용인했을 뿐 핵탄두 수는 언급하지 않았다. 아울러 ABM(요격미사일) 조약을 체결해 요격용 미사일 기지를 제한했다.

1987년 중거리 핵전력 조약(INF, 미국 · 소련)

사정거리 500킬로미터부터 5500킬로미터까지의 요격·순항미사일 전량 폐기를 위한 조약.

1991년 제1차 전략무기 감축 협정(START I, 미국·소련)

미국과 소련이 각각 전략 핵탄두에 6천 발, ICBM·SLBM·전략폭격기 등 수송수단 1600기, 그리고 탄도미사일의 핵탄두 수에 다시 4900발이라는 제한을 설정한 군축조약. 2009년 효력을 잃었다.

1993년 제2차 전략무기 제한 협정(SALT II, 미국·러시아)

미국과 러시아 양국의 핵탄두 수를 3000~3500개 이내로 감축하려던 조약. 양국의 사정으로 비준이 이루어지지는 못했다.

1995년 NPT 무기한 연장

1996년 포괄적 핵 실험 금지조약(CTBT, 전체 UN 회원국)

우주공간, 대기권, 수중, 지하에서의 핵 실험·핵폭발을 금지하는 조약. IAEA에 가입된 원자력 보유 44개국

이상의 서명과 비준이 있어야 공식 발효된다. 현재 미국, 이란, 이집트, 이스라엘, 중국이 서명만 한 채 비준은 하지 않았고, 북한, 인도, 파키스탄은 서명도 하지 않아 공식 발효가 이루어지지 않은 상태다.

2000년 NPT 재검토회의

1995년부터 5년마다 열리는 회의로, '핵보유국에 의한 명확한 핵 감축 약속'을 포함한다.

2009년 오바마 미국 대통령 프라하 연설

유일한 핵무기 사용 국가인 미국이 선두에서 '핵 없는 세계'를 향해 국제 사회를 움직이겠다는 결의를 표명했다.

2010년 NPT 운용 검토회의

핵 군축, 핵 비확산, 원자력의 평화적 이용에 관한 구체적 행동 계획을 설정·합의하고 NPDI를 발족시켰다.

2010년 NPDI(일본, 호주 등 12개국)

12개국 외무장관회의를 통해 핵 군축·비확산의 현실적이고도 실천적인 제안을 도출. 이후 매년 외무장관회의가 열리며 작업 문서를 제출하고 있다.

이처럼 국제 사회는 시간이 오래 걸리기는 했지만 조금씩 핵 군축을 이뤄왔다. 국제 정세나 각국의 의도·국내 사정 등 이런저런 우여곡절을 겪다 보니 신속하게 이루어지기란 아무래도 쉽지 않았을 것이다.

5. 여러 가지 인체 실험

제2차 세계대전 이후 원폭이라는 전례 없이 강력한 무기를 손에 넣은 미국은 앞으로의 전쟁에 원폭 사용을 예측하며 이를 위한 군사 전술의 필요성에 직면했다. 아울러 원폭 폭발로 퍼진 방사능이 인체(적군 및 아군 병사와 민간인)에 어떤 영향을 미치는지 연구하는 한편, 아군 피해를 최소화하고 적의 피해를 극대화할 작전을 검토하지 않을 수 없게 되었다. 그때까지의 전장에서는 방사선 피해를 문제 삼지 않아도 됐지만, 원폭(그리고 수폭)의 실전 배치가 현실화될 경우 상황은 전혀 달라지기 때문이었다. 이러한 상황에서 방사선 피폭량과 건강 상태의 관계를 알아보려는 목적으로 진행된 것이 방사능 관련 인체 실험이다. 실험에는 여러 가지 형태가 있었다.

우선, 히로시마·나가사키의 피폭자들을 ABCC(원폭상해조사위원회)로 불러 건강검진 명목으로 일체의 수당 없이 질병 사례를 관찰한 일을 인체 실험으로 볼 수 있다. 원폭 투하로 다수의 피폭자를 내고 이후 경과를 냉철하게 기록할 뿐 강한 방사선에 노출된 사람들을 어떤 치료도 없이 그저 실험·관찰 대상으로 삼았기 때문이다. 폭발 지점으로부터의 거리와 방사선 피폭량의 관계, 또한 그 차이가 인체에 어떤 영향을 끼치는지 등의 데이터를 얻으려 한 것이다.

미국 원자력위원회가 발족한 건 1946년 8월의 일이며, 그 이래 원자물리학자와 방사선물리학자가 중심이 되어 계획적·조직적·의도적 인체 실험이 이뤄졌다. 기록으로 남은 내용은 다음과 같다.

1948~1952년 비행기에서의 방사성물질 살포 실험(통산 12회)

원폭의 공중 폭발을 가정하고, 거기서 발생한 방사능이 어떻게 퍼져 지상에 떨어지는지 알아본 실험. 지상에서 일하던 사람들에게 알리지 않은 채 건강검진만을 시행했다.

1954년

비키니 환초 등에서 시행된 캐슬 작전의 수폭실험으로, 마셜제도에 거주하던 사람들이 방사능 피해를 봤다. 특히 롱겔라프 사람들은 강제 이주된 후 다시 섬으로 돌려보내져 고강도의 방사능에 피폭됐다. 즉, 주민들을 대상으로 한 인체 실험이었다.

1956년 원폭 폭발 후의 버섯구름 횡단 비행
핵 실험 종료 직후 실험장에서 이뤄진 병사들의 행진 및 돌입 훈련

두 가지 모두 원폭 폭발 직후의 방사선 강도와 짧은 수명의 원자핵이 인체에 미치는 효과를 알아보기 위해 병사들에게 상세한 내용을 알리지 않고 이뤄진 실험이다.
핵전쟁이 상정된 실전에서 병사의 행동 시뮬레이션이라
할 수 있다.

1960~1974년 암 환자에 대한 플루토늄 인체 실험

암 환자에게 플루토늄을 복용시킨 후 정기적인 검진을
통해 체내에서 일어나는 플루토늄 작용을 관찰했다. 피
폭자가 이미 암에 걸린 상태이므로 사망에 대한 책임 추
궁 없이 이루어졌으며, 플루토늄이 주로 어떤 장기에 집
중되는지, 그 장기에 어떤 손상을 입히는지, 체내반감기
(방사성물질이 체내로 들어왔다가 소변 등으로 배출될 때까지 체
내에 남아 있는 시간)는 얼마인지 등의 데이터가 도출됐다.

1963~1971년 죄수들에게 X선 등의 방사선 투사 실험

종신형으로 복역 중인 재소자들에게 X선을 투사하고
이후의 상태 변화를 조사한 실험. 종신형 재소자를 대상
으로 한 건 사회적으로 큰 문제가 되지 않을 거라는 생각
때문이었다.

—

　이상의 내용은 빙산의 일각에 불과하며, 이외에도 여러 가지 인체 실험이 이뤄졌지만 알려지지 않은 채 어둠 속에 묻혀 있다. 핵 개발과 인체 실험은 분리될 수 없는 동전의 양면과도 같은 일이었다. 당시만 해도 전쟁에서 당연히 핵무기가 사용될 수 있다고 봤기에 필연적으로 발생할 방사선 피폭 데이터를 다양한 상황을 설정해 비축했던 것이다.

　이러한 인체 실험은 실로 비인간적인 행위였지만, 원자력위원회로부터 위촉된 과학자들은 오히려 자부심을 느끼고 그것을 기획·실행했다. 언젠가 닥쳐올 핵전쟁에 도움이 될 데이터를 수집한다는 확신과 더불어 또 하나의 공리주의적 구실(대의명분)이 있었기 때문이다. 바로 '소수의 인간이 인체 실험에 협조해 준 덕에 귀중한 데이터를 입수했다. 이에 따른 방사선의 한계량과 체내에서의 작용 등을 파악하게 되어 다수의 건강에 도움을 줄 수 있다'는 것이다. 이 말을 어떻게 받아들여야 할까. 다수의 인간에게 도움이 된다면 소수의 인간이 희생하는 것쯤은 아무렇지 않다는 걸까.

6. 메가킬로와트의 시대

1950년대 중반까지는 수폭 기술 향상에 집중해 폭발력을 높이고 적에게 더욱 막대한 피해를 주려 노력한 핵군비 확장의 시대, 즉 '메가톤의 시대'였다. 그러나 미국과 소련은 이내 이러한 군사 우선의 핵 개발 방향을 수정했다. 폭발력의 한계에 도달했음은 물론 핵무기를 독점한 채로 '공갈 외교'를 이어간다면 조만간 동맹국의 지지를 얻을 수 없으리라는 걸 알아차렸기 때문이다. 그렇게 '채찍' 대신 생각해낸 '당근'이 '원자력의 평화적 이용'이다. 즉, 서서히 진행되는 핵분열 반응을 제어해 동력원과 발전을 위한 원자력 사용으로 생산력을 향상하고 생활을 풍요롭게 한다는 '소프트soft 노선'이다. 이를 구체적으로 제안한 것이 1953년 12월 아이젠하워 Dwight Eisenhower 대통령의 '평화를 위한 원자력Atoms for Peace' UN연설로, 이는 농축우라늄과 그 제어 기술을 세트로 동맹국에 제공한다는 구상을 밝혀 결속을 강화하려는 의도였다. 당시까지 군이 독점하던 원자력 기술을 민간에 개방한 것이다.

물론 이미 1942년에 페르미의 시카고 파일(Chicago Pile-1, 세계 최초로 연쇄 반응을 일으킨 원자로)이 성공했고, 1945년에는 핸퍼드Hanford 원자로를 사용한 플루토늄 제조가 이뤄졌으며, 1951년에는 100킬로와트 출력의 소형 고속증식로 발전에 성공하는 등 핵분열 반응 제어를 어느 정도 예측할 수 있는 상황이 되었다. 그래서 실제로도 1954년 잠수함 노틸러스Nautilus호의 추진 동력으로 농축우라늄을 사용하는 가압수형 원자로pressurized water reactor 건조가 이루어지는 등 원자로의 평화적 이용 노선이 구체적으로 진행됐다.

이러한 과정을 거쳐 '메가톤의 시대에서 메가킬로와트의 시대'로 돌입한 것이 1950년대 후반부터 1960년대 사이의 일이며, 그로부터 다시 50년 이상이 지난 현재 전 세계에서 원자력 발전이 이뤄지고 있다. 이는 안전신화와 경제성을 내세우는 원전을 축으로 과학기술이 자본주의의 주구가 됨으로써 초래된 결과다.

1) 원전 대형화의 발단

원자로에서 제어되는 우라늄의 핵분열 연쇄 반응을

통해 에너지를 방출, 가스 상태에서 물에 흡수시켜 고온으로 가열(원자로 내부 반응)한 후 그 열에너지로 다시 물을 끓이고 증기터빈을 돌려 발전(발전기 부분 반응)하는 방식의 원자력 발전이 이루어진 건 1950년대 초반의 일이다. 사실 미국은 애초부터 군사 개발에 집착했기 때문에 원자력 발전 분야에서는 오히려 소련, 영국 등이 앞서 있었다. 이러한 발전 방식의 차이를 정리하면 다음과 같다.

원자력 발전의 개발과 발전 방식

발전 개시	국가	출력	우라늄	감속재 (*)	냉각재 (**)
1954년	소련	5천 킬로와트	농축우라늄	흑연	가압수
오브닌스크Obninsk 실험용 원자로					
1956년	영국	5만 5천 킬로와트	천연우라늄	흑연	탄산가스
콜더 홀Calder Hall형 원자로					
1957년	미국	6만 킬로와트	농축우라늄	물	가압수
시핑포트Shipping Port 상업용 원자로 (가압수형)					
1959년	미국	20만 킬로와트	농축우라늄	물	물
드레스덴 상업용 원자로 (비등수형)					
1964년	소련	21만 킬로와트	농축우라늄	물	가압수
노보보로네지Novovoronezh 상업용 원자로					
1969년	미국	62만 8천 킬로와트	농축우라늄	물	물
오이스터 크리크Oyster Creek 대형 원전 본격 가동					

(*) 감속재 : 우라늄 핵분열로 발생한 중성자의 속도가 느릴수록 우라늄의 핵분열을 일으키기 쉬우므로 중성자의 속도를 늦추기 위해 충돌시키는 물질

(**) 냉각재 : 우라늄의 핵분열로 발생한 대량의 에너지를 일단 흡수하는 물질로써, 이후 물로 에너지를 옮겨 수증기 형태로 전기터빈을 돌린다 (비등수형의 경우에는 에너지를 흡수한 물이 직접 터빈을 돌림).

미국에서 원자력 잠수함용으로 개발한 가압수형 원자로를 육지로 끌어올려 상업용 원자로로 활용한 것이 웨스팅하우스Westinghouse사의 시핑포트 원자로였다. 이는 민간 기업이 만든 최초의 원자력시설로, 원자력위원회의 후원을 받았다고 한다. 그와 경합을 벌이며 새롭게 개발된 것이 가압수형보다 단순한 구조인 비등수형 원자로, 즉 제너럴일렉트릭General Electric사가 만든 드레스덴 원자로다. 소련과 영국의 원전이 모두 출현한 건 1960년대 초엽이고, 대형화가 본격적으로 진행된 건 1960년대 후반이다. 그 이후 보통 100만 킬로와트급 원전을 목표로 하게 되었고, 2000년대 들어서면서 150만 킬로와트가 일반적 추세로 자리 잡았다. 점점 대형화의 길로 접어들고 있으니 멜트다운meltdown[15]이나 폭발사고가 일어날 경우 그 피해가 막대할 것은 분명하다.

2) 일본의 원자력 개발

일본은 원폭의 참화를 겪어 핵무기에 대한 반발이 무

---

15 원자로의 냉각장치가 정지되어 내부의 열이 이상 상승. 연료인 우라늄을 용해해 원자로의 노심부가 녹아 버리는 사고. ―옮긴이

척 거세지만, '원자력의 평화적 이용'이라고 하면 태도가 달라진다. 이는 핵을 사용하더라도 '전쟁을 위해서라면 싫지만, 평화를 위해서라면 환영'이라는 식으로 전쟁과 평화라는 상징에 따라 자리매김 또한 극단적으로 대비되기 때문일지도 모른다.

단순히 말하면, 핵분열의 연쇄 반응을 폭주시키는 것이 원폭, 제어하는 것이 원전이므로 거기서 일어나는 물리적 과정은 본질적으로 다르지 않다. 반응이 빠른지 느린지의 차이만 있을 뿐이다. 물론 반응의 빠르기에 따라 생성되는 불안정한 핵의 종류는 달라지지만 그리 큰 차이점은 없다. 그 차이는 반응에 따라 형성되는 방사능을 가진 원자핵(방사성원소)의 수이며, 원폭보다 원전 쪽이 압도적으로 많다. 원폭은 폭발에 의해 곧장 산산이 흩어져 반응 시간이 짧은 데 반해, 원전에서는 장시간에 걸쳐 반응이 진행되므로 방사성 폐기물 또한 많기 때문이다. 따라서 '원자력의 평화적 이용'이라 해도 위험한 우라늄을 늘 원자로 내부에 담아 두고, 반응이 이루어지면서 방사성 폐기물이 대량으로 누적되는 원전이 원폭과는 다른 심각한 위험 부담을 안고 있다는 점은 분명하다. 이 점을 간과하거나 얼버무리면서 '원자력의 평화적 이용'이 안전하며 아무런 관리상 문제가 없다는 주장, 즉 '안전신화'가 마치 사실처럼 여겨져 온 것이 결국 후쿠시마원전 사고를 불렀다 해도 과언이 아니다.

일본의 원자력 개발은 샌프란시스코 강화조약으로 일본이 독립국의 지위를 국제적으로 인정받고 당시까지 금지돼 있던 원자력 연구가 해금되면서부터 시작됐다. 맨처음 이뤄진 것이 1954년의 이른바 '나카소네中曾根 예산'의 계상이었다. 학술회의나 학회 등과의 어떤 상담도 없이 돌연 원자력 개발을 위한 예산 2억 3500만 엔이 원자로 축조 보조비로 수정 예산안에 포함된 것이다. 당시 중의원 의원이던 나카소네 야스히로(이후 총리 역임)는 '학자들이 너무 꾸물거려서 돈뭉치로 머리를 후려갈겨 주었다(학자들의 엉덩이를 후려갈겨 주었다는 표현도 있다)'고 말했다 한다(나카소네 자신은 이 발언을 부정하지만). 이를 보면 1953년 아이젠하워의 '평화를 위한 원자력' 연설에 자극받은 일본 정치가들이 '원자력의 평화적 이용'을 얼마나 무원칙하게 추진하려 했는지 알 수 있다(심지어 핵을 무기로 전용하는 것까지 구상하지 않았을까 하는 생각마저 든다).

나카소네 예산은 국회를 통과했지만, 과학자들의 협조를 받지 못해 결국 집행되지는 못했다. 과학자들은 학술회의를 중심으로 원자력 연구의 바람직한 모습에 관해 다양한 논의를 진행했다. 히로시마·나가사키에 투하된 원폭을 보더라도 핵 연구는 절대로 안 된다는 의견부터 일단 군사 분야로의 전용을 방지하는 규정을 만들어 놓고 연구를 진행하자는 의견까지 폭넓은 의견이 개진됐다. 그 결과 '기본법', 즉 '통상적인 법률의 상위에 위치하는 법의 이념과 목표를 밝히는 방책'이 등장했다. 이것이 1955년 제정된 원자력기본법이다. 여기서는 원자력 연구 취지를 평화를 위한 것으로 제한하고, '자주'적인 노력을 바탕으로 '민주'적으로 진행하며, 정보는 모두 '공개'한다는 '원자력 3원칙'이 강조됐다.

하지만 정부는 학술회의의 움직임 등과 관계없이 독자적인 원자력 정책을 추진했다. 1955년 6월 농축우라늄 도입을 위한 미·일 원자력연구협정이 가조인되고, 11월에는 일본원자력연구회(재단법인)가 발족[16]했으며, 1956

---

16 위원장에 쇼리키 마쓰타로(正力松太郎, 요미우리신문사 사주. 니혼TV 사장 역임), 위원으로는 유카와 히데키(湯川秀樹, 일본인 최초로 노벨상을 받은 물리학자)가 선임됐다.

년 1월에는 원자력위원회가 설치되는 한편 원자력 개발 기본계획이 수립됐는데, 처음부터 원자력 3원칙은 완전히 무시됐다. 쇼리키 위원장이 자주개발 노선을 폐기하고, 자주적인 기초 연구를 중시하던 유카와 위원과의 대립을 무릅쓰며 외국(영국)에서 만든 원자로 수입 구상을 강행한 것이다. 1957년에는 원자력위원회가 발전용 원자로 조기 도입과 일본원전 설립 등을 결정하는 과정에서 유카와 히데키가 원자력위원회를 사임한다. 훗날 유카와는 '나는 이용당했을 뿐'이라고 당시를 술회했다. 이는 학술회의의 원자력 3원칙 노선과 정·재계의 조기 수입 노선이 완전히 어긋났던 상황을 보여주는 한편, 일본의 원자력 이용의 미래를 암시하는 일이기도 했다.

결국, 1959년 일본 정부는 영국의 콜더홀 개량형 원자로 도입을 승인하고, 자주개발 노선을 폐기하기에 이른다. 일본원전이 경영하던 이 원전은 '도카이東海 제1원전'이라 불렸다. 1960년 착공해 1967년 목표 출력 16만 킬로와트를 달성하지만, 1969년 이후부터 13만 킬로와트로 출력을 낮춰 가동하다가 1998년 폐쇄했다. 이전에도 이후에도 미국 외 나라에서 수입된 원자로는 이것 하나

뿐이다. 1950년대 중반 무렵까지 미국이 상업용 원전 개발에서 영국에 뒤처졌던 탓에 조기 도입을 서두르던 일본이 '충동구매'를 한 것이다.

한편, 일본 최초의 원자로는 1957년 임계(criticality, 연쇄 반응의 지속)에 도달한 JRR-1이라는 미국제 소형 연구용 원자로다. 또, 원자력연구소(원연)에 건설하기로 결정된 동력시험로power demonstration reactor[17] JPDR(Japan Power Demonstration Reactor, 출력 1만 킬로와트로 비등수형이었다)은 대형 원자로 개발에 겨우 성공한 미국이 일본에 팔아넘긴 일종의 견본품으로, 1963년 10월 26일 운전을 개시했다. 이날은 일본에서 최초로 원전에 의해 전등이 밝혀진 날이며, '원자력의 날'이 되었다. 하지만 JPDR의 가동 기간은 짧았다. 처음 상업용 원자로 도입을 미국이 아닌 영국과 진행한 건 미국의 판매 전략이 일본에서 단지 키key만 돌리면 바로 운전할 수 있는 '턴키turn-key 방식'[18]인데다(결국, 영국의 콜더홀도 마찬가지였지만), 원연의 많은 연

---

17 상업 규모의 발전용 원자로 건설에 앞서 여러 가지 성능이나 운전 상황을 조사하기 위해 만들어지는 소규모의 발전용 원자로. —옮긴이
18 일괄 시공업자가 건설 공사에 대한 재원 조달, 토지 구매, 설계와 시공, 운전 등 모든 서비스를 발주자를 위해 제공하는 방식. —옮긴이

구자가 이에 만족하지 않았으며, 미국의 작업 자체도 늦어졌기 때문이다. 하지만 원자로 수입은 끝내 미국 일변도가 되었는데, 이 역시 턴키 계약이었던 탓에 결국 일본은 자주개발 노선을 완전히 폐기하기에 이른다. 민주적이어야 할 운영은 미국에 떠넘겨졌고, 정보도 기업 비밀이라며 공개되지 않았다. 애초부터 원자력 3원칙이 완전히 무시되는 형태로 모든 일이 진행된 것이다.

이즈음 부활한 재벌이 금융그룹으로 재편되면서 그룹 내부 원자력 관련 기관의 거의 전부를 망라해 수주가 가능한 체제가 정비됐다. 그 결과 도시바東芝, 히타치日立계는 비등수형 원자로를 건설하는 제너럴일렉트릭과 제휴해 도쿄전력을 중심으로 홋카이도전력 이외의 동일본지역 전력회사 및 일본원전 등과 계약을 맺었다. 미쓰비시三菱계는 가압수형 원자로를 건설하는 웨스팅하우스와 제휴해 간사이關西전력을 중심으로 주고쿠中国전력을 제외한 서일본지역 전력회사와 계약을 맺는 형태가 정착되어 오늘날까지 이어지고 있다. 재계 그룹 간의 '나눠 먹기'가 이뤄진 것이다.

일본 최초의 민간 원전은 1966년 일본원전이 발주한

쓰루가敦賀 1호기(1970년 발전 개시, 비등수형 35.7만 킬로와
트)이며, 이어 간사이전력이 미하마美浜 1호기(1970년 발전
개시, 가압수형 34만 킬로와트)를, 도쿄전력이 후쿠시마 1호
기(1971년 발전 개시, 비등수형 40만 킬로와트)를 발주했다.
대략 1970년을 기점으로 일본이 '원전 러시'에 돌입한 것
이다. 이후 원전 건설은 2009년 홋카이도전력 도마리泊 3
호기(가압수형 91만 킬로와트)까지 계속되어, 폐로廢炉된 도
카이 1호기(1998년), 하마오카浜岡 1호기와 2호기를 제외
해도 총 54기를 헤아리게 되었다. 그리고 2011년 후쿠시
마 제1원전 1, 2, 3호기에서 멜트다운(1호, 3호 수소 폭발)
이 일어났고, 4호기도 방사성 폐기물 풀pool의 냉각수 부
족으로 폭발을 일으켰다. 그 결과 5, 6호기까지를 포함한
후쿠시마 제1원전 내 원자로 6기 모두 폐로가 결정되어,
현재 일본의 원전은 48기다. 이 41년 동안 일어난 다양
한 원전사고는 4)에서 다루기로 한다.

　마지막으로 원자력기본법의 유명무실화에 대해 알아
보자. 원자력 추진 기관인 원자력위원회와 안전 심사 기
관인 원자력안전위원회가 모두 내각부에 소속되어 있는
가 하면, 안전의 감시·점검·권고 등을 맡는 원자력 안

전·보안원은 원전 추진 정부 부처인 통상산업성(현재의 경제산업성)에 설치되어 있어 안전심사가 허술하다는 점은 일찍이 지적된 바 있다. 그 결과 후쿠시마 사고가 일어났으므로 원전의 안전성 조치를 더욱 꼼꼼히 규제하고, 검사를 진행할 수 있는 독립적인 제3의 기관으로 환경성에 원자력규제청을 설치하며, 여기에 원자력규제위원회를 두는 것을 내용으로 한 '원자력규제법'이 시행됐다(2012년 6월). 이는 미국의 원자력규제위원회 시스템을 본뜬 것이다.

그런데 막상 법률 시행 단계에 접어들자 원자력기본법에 명시돼 있던 '평화를 위한 원자력 이용'이라는 문구 대신 '안전 보장에 이바지한다'는 문구를 부칙에 추가했다. 안전 보장이란 국가가 무력 위협을 받을 경우 필요한 조치를 취할 수 있는 체제를 정비한다는 것으로, 단순히 말해 전력을 정비해 언제라도 대처할 수 있도록 준비한다는 의미다. 원자력 이용과 관련해 안전 보장에 기여한다는 이야기를 꺼내는 건 대체 무슨 의도일까. 특히 특별법인 원자력규제법의 부칙에서 법적으로 상위 개념인 원자력기본법을 규정해 고쳐버리는 이상한 일이 벌어졌다는 것을 명기할 필요가 있다.

3) 세계의 원전 추진 현황

2012년 1월 현재, 전 세계에서 운전 중인 원전은 427기(3억 8천 461만 킬로와트)다. 순위를 매기면 다음의 표와 같다(《원자력시민연감 2013》). 현재 운전 중인 원전을 보유한 나라는 30개국이며, 북미, 서유럽, 동유럽, 아시아, 중남미 국가들은 물론 아프리카 일부도 포함된다.

여기에 건설 중인 것은 75기(7602만 킬로와트), 계획 중인 것이 94기(1억 501만 킬로와트)다. 운전 중인 것들과 건설 중인 것들을 다 합치면 약 500기 정도인데, 계획 중인 것들이 모두 건설되면 약 600기다. 나중에 언급하겠지만, 원전의 중대사고 확률은 1기당 500년에 1회이므로 500기가 있다면 매년 1기가 중대사고를 일으킬 거라는 계산이 나온다. 그렇다면 앞으로 지구는 원전사고라는 고질병에 시달리지 않을까.

또, 운전 중인 원전의 1기당 평균 출력이 90만 킬로와트인데 반해, 건설 중인 것이 101만 킬로와트, 계획 중인 것이 112만 킬로와트로 그 규모 또한 확대일로에 있다.

원전기술 자체가 이미 완성 단계이다 보니 점점 스케일 업scale up 추세로 나아가고 있다. 그런 까닭에 일단 큰 사고가 일어나면 그 피해가 막대하고, 대부분 복수로 건설되어 있다 보니 연쇄적인 사고 발생마저 예상된다. 지구가 갈수록 빈번한 위험에 노출되고 있다.

한편, 중국은 장차 적극적으로 원전을 추진하려는 의욕을 보인다. 현재 보유 원전 14기(1020만 킬로와트)에, 건

운전 중인 원전 순위

순위	국가	원전 수	설비용량 (**)		최고출력
1	미국	104기	10,623만 킬로와트	56기	143만 킬로와트
2	프랑스	58기	6,588만 킬로와트	24기	156만 킬로와트
3	일본 (*)	48기	4,630만 킬로와트	24기	138만 킬로와트
4	러시아	28기	2,419만 킬로와트	21기	100만 킬로와트
5	한국	21기	1,872만 킬로와트	8기	100만 킬로와트
6	우크라이나	15기	1,382만 킬로와트	13기	100만 킬로와트
7	캐나다	18기	1,331만 킬로와트	0기	93만 킬로와트
8	독일	9기	1,270만 킬로와트	9기	148만 킬로와트
9	중국	14기	1,020만 킬로와트	6기	108만 킬로와트
10	영국	18기	1,172만 킬로와트	1기	125만 킬로와트
11	스웨덴	10기	941만 킬로와트	5기	121만 킬로와트
12	스페인	8기	779만 킬로와트	6기	109만 킬로와트
13	벨기에	7기	619만 킬로와트	5기	109민 킬로와트
14	타이완	6기	520만 킬로와트	1기	100민 킬로와트
15	인도	20기	478만 킬로와트	0기	54만 킬로와트
16	체코	6기	401만 킬로와트	2기	101만 킬로와트
17	스위스	5기	341만 킬로와트	2기	122만 킬로와트

기타 원전 보유국
핀란드 (4기, 284만 킬로와트), 헝가리 (4기, 200만 킬로와트), 불가리아 (2기, 200만 킬로와트), 브라질 (2기, 199만 킬로와트), 슬로베니아 (4기, 195만 킬로와트), 남아프리카 (2기, 191만 킬로와트), 루마니아 (2기, 141만 킬로와트), 멕시코 (2기, 136만 킬로와트), 아르헨티나 (2기, 101만 킬로와트), 파키스탄 (3기, 79만 킬로와트), 슬로바키아 (1기, 75만 킬로와트), 네덜란드 (1기, 51만 킬로와트), 아르메니아 (1기 41만 킬로와트)
(*) 일본은 후쿠시마 제1원전 6기의 폐로가 결정됐다. (**) 100만 킬로와트급 원전의 수

설 중인 30기(3330만 킬로와트), 그리고 계획 중인 26기
(2818만 킬로와트), 총 70기(7342만 킬로와트)로 프랑스를 제

'사고'의 레벨 구분

레벨	명칭과 기준		사고 사례
레벨7	심각한 사고		
	방사성물질의 중대한 외부 유출	1986년	체르노빌 4호기 폭주 사고
		2011년	후쿠시마 제1원전 1, 2, 3호기 멜트다운
레벨6	대형사고		
	방사성물질의 상당한 외부 유출		
레벨5	예상외의 리스크가 수반된 사고		
	방사성물질의 한정적인 외부 유출 원자로 노심의 중대한 손상	1979년	스리마일Three Mile 섬 2호기 멜트다운
레벨4	예상외의 큰 리스크가 수반되지 않은 사고		
	방사성물질 소량 외부 유출 원자로 노심의 상당한 손상 종업원의 치사량 피폭	1999년	핵연료 가공 공장 JCO 임계사고criticality accident
레벨3	중대한 이상 사상異常事象		
	방사성물질의 극소량 외부 유출 방사성물질에 의한 예상외의 중대한 오염 급성 방사선 장해를 일으키는 종업원의 피폭	1997년	도카이 재처리공장 아스팔트 고화 처리 시설 화재폭발사고
레벨2	이상 사상		
	방사성물질에 의한 예상을 넘어서는 심한 오염	1991년	미하마 2호 증기발생기, 전열관 파열
	연간 한도를 넘어선 종업원의 피폭 심층 방호의 상당한 저하	1999년	시가滋賀 1호 임계사고 (*)
레벨1	일탈		
	운전 제한 범위로부터의 일탈	1995년	'몬주もんじゅ' 고속증식로 나트륨 화재사고
		2004년	미하마 3호 배수관 파열 사고 (5명 사망, 6명 중상)

(*) 핵분열성 물질이 예기치 못한 원인에 의해 제어 불능 상태로 임계량(또는 임계의 크기)
을 넘어 임계초과 상태가 되어 일어나는 사고.

—

치고 세계 2위의 원전 대국으로 부상하려는 목표다. 그 뒤를 이어 러시아는 건설 중인 원전만 12기(1106만 킬로와트)로 일본을 누르고 3위로 올라서려 한다. 1위인 미국은 건설 중인 원전 1기(120만 킬로와트)에, 계획 중인 원전이 9기(1066만 킬로와트)라고 하지만, 원전 비판 여론이 강해지고 셰일오일 생산이 활성화되면서 신규 건설 계획 실행에 차질이 생길 가능성이 높다.

여기서 주목해야 할 것은, 모두 계획 중이기는 하지만 아랍에미리트 4기(560만 킬로와트), 터키 4기(480만 킬로와트), 베트남 4기(400만 킬로와트), 인도네시아 4기(400만 킬로와트), 파키스탄 4기(530만 킬로와트) 등 원전 노선 채용이 세계 각국에서 줄을 잇고 있다는 사실이다. 이 나라들은 아직 원전을 운용해본 경험이 없음에도 불구하고 대번에 100만 킬로와트 급의 원전을 도입하려 한다. 그리고 이러한 상황에 눈을 돌린 일본이 적극적으로 세일즈에 나서는 구도가 정착되는 중이다. 아직 기술적으로 미완성 단계인 원전이 이렇게 세계 구석구석으로 퍼지다가 연쇄적으로 사고가 빈발하면 어찌할 것인가. 방사성 폐기물 또한 점점 누적되고 있는 상황을 보면, 지구가 심각한 방사능 오염에 노출될지도 모른다는 우려를 떨칠 수가 없다.

4) 일본의 원자력사고

원전사고에 관해서는 국제적으로 평가 척도가 정해져 있고(원자력시설에도 준용된다), 척도 이하(레벨 0)의 안전상 중요하지 않은 사상부터 시작해 레벨 1에서 3까지의 '이상 사상', 레벨 4에서 7까지의 '사고' 등이 규정되어 있다. 레벨 구분에는 3)의 표와 같이 '예상외의 방사성물질 방출량', '원자로 노심 손상 정도와 예상외의 방사선 피폭량', 그리고 '안전대책을 위한 심층 방호의 열화 상황' 등 세 가지 기준이 적용된다.

후쿠시마 제1원전사고 당시 일본 정부는 사고 레벨을 4로 책정했지만, 1, 2, 3호기에서 멜트다운으로 방사성물질이 대량 방출된 사실을 알게 되면서 황급히 레벨7로 격상했다. 스리마일 섬 원자로 사고는 냉각수가 유실되면서 원심이 과열되어 녹아내린 경우지만, 후쿠시마원전 사고는 공식적으로 전원이 상실되면서 냉각수가 공급되지 않아 냉각 능력이 상실됨에 따라 멜트다운이 일어난 것으로 추정된다. 두 경우 모두 핵분열 반응을 중지시켰

일본의 주요 원자력사고

1974년	원자력선 '무쓰むつ' 방사능 유출
1995년	고속증식로 '몬주'의 나트륨 유출로 인한 화재 발생 – 레벨1
1997년	도카이 재처리공장 저준위 폐기물 아스팔트 고화시설에서 화재 폭발사고, 방사능 방출 – 레벨3
1999년	시가원전 1호기 검사 도중 제어봉 3개가 빠지면서 임계사고 발생 – 레벨2
1999년	JCO에서의 우라늄 연료 재조 과정에서 임계사고, 외부로 방사성물질이 방출되어 다수의 피폭자 발생, 종업원 2명 방사선 장해로 사망 – 레벨4
2002년	도쿄전력의 문제 은폐가 내부고발로 발각되어 도쿄전력 원전 17기 모두 정지
2004년	미하마원전 3호기, 배수관 파열로 고온의 증기가 분출해 5명 사망 6명 중화상 severe burn – 레벨1
2011년	후쿠시마 제1원전 1, 2, 3호기 멜트다운으로 수소 폭발, 4호기에서도 수소 폭발이 일어나 방사성물질 대량 방출 – 레벨7

는데도 반응생성물 붕괴에 따른 발열이 길게 지속되고, 냉각재 상실 혹은 공급이 불가능해지면서 노심이 과열되어 손상·용융된 끝에 일어난 사고들이다.

위의 표는 앞의 사고 레벨 구분표에서 일본의 주요 원자력사고를 우선 나열하고, 다시 그 밖의 사고를 포함해 연표로 정리한 것이다.

이 밖에도 각 원전과 관련한 여러 가지 데이터 누락·날조·위조·은폐·허위 보고·검사 내용 유출 등이 있었는데, 하나같이 내부고발로 발각된 일들이다. 이런 부정이 태연히 저질러지는 상황에서 원자력안전위원회와 원자력안전·보안원은 그저 '규제의 포로(규제받는 쪽이 규제하는 쪽을 마음대로 움직이는 상태)'일 뿐이었다는 사실이 후쿠시마 사고 국회 사고조사·검증위원회에 의해 지적됐다.

사고 발생과 관련한 하인리히 법칙Heinrich's Law[19]과 같이 보통 1건의 '심각한 사고'의 배후에는 약 30건의 '비교적 큰 사고'가 있고, 또한 다시 그 배후에 약 300건의 '간담이 서늘해지는' 사상事象이 도사리고 있다. 그러므로 일상에서 사고로 간주할 정도는 아니더라도 큰 사고로 발전할 수도 있었을 사상을 철저히 파악해 대책을 마련하는 것이 중요하다. 하지만 이 모든 일이 알려진 계기가 내부 고발이라는 점에서도 알 수 있듯이 사고의 부정·은폐가 당연시되는 분위기이다 보니 작은 사고쯤은 표면에 드러나지 않은 것이다. 이런 일들이 누적되면서 이내 중대사고를 일으키는 불씨로 작용했다.

5) 원전의 사고 확률 계산과 중대사고

1974년 노먼 라스무센Norman Rasmussen 미국 메사추세츠 공과대학MIT 교수가 원전사고 확률 보고서를 제출했다.

---

19 대형사고가 발생하기 전 그와 관련된 수많은 경미한 사고와 징후가 반드시 존재한다는 것을 밝힌 법칙. —옮긴이

이 보고서는, 원전 1기가 중대사고를 일으킬 확률은 1만 7000년에 1회 정도이며, 가령 멜트다운이 일어난다고 해도 격납용기containment vessel가 방사성물질이 환경에 노출되는 걸 막아주므로 방사능이 유출될 확률은 어림잡아 중대사고 10회당 1회 정도일 거라고 보았다. 즉 17만 년에 1회, 운석이 떨어져 사망자가 발생하는 것과 같은 정도의 확률밖에 안 된다는 결론이다.

이 연구는 FTA(fault tree analysis, 고장수목기법)[20]를 활용, 상정 가능한 사고(fault) 발생의 연쇄(tree)를 고려해 하나하나의 확률이 쌓여 결과적으로 발생하는 재해를 평가하는 방식이다. A라는 사고가 일어날 경우, 어떤 수단을 통해 해결될 수 있는 확률(P1), 실패할 확률(1−P1), 다음의 방법 B를 통해 해결될 수 있는 확률(P2), 그럼에도 불구하고 실패할 확률(1−P2) 등이 있으므로 전체적으로 실패할 확률은 (1−P1) × (1−P2)다. 일단 A와 B를 조합하면 실패 확률이 낮아진다. 또한 다음의 스텝 C, 다시 그

---

20 대규모 시스템에서는 무작위적인 이상이 거듭되어 바람직하지 않은 사상이 발생할 때가 많다. 이와 같은 '이상의 조합'을 논리 다이어그램logical diagram을 통해 조직적으로 구하는 분석 방식을 말한다. ─옮긴이

다음인 스텝 D 등으로 사고가 일어날 수 있는 프로세스(event)를 수목(tree)처럼 차근차근 생각하면서 전체 실패 확률을 따져본 것이다. 당연히 프로세스를 늘리면 늘릴수록 실패 확률은 점점 낮아진다. 이상의 과정을 거쳐 도출된 게 17만 년에 1회라는 결과다.

사실 이 계산에는 중대한 결함이 있다. 일단 모든 사람이 이성적으로 판단해 적확하게 대응한다는 전제에서 확률을 내는 데다, 인간이 범할 수 있는 실수나 잘못은 계산에 포함하지 않는다는 점이다. 애초에 실수나 잘못을 확률로 포함하는 것 자체가 어렵고, 어떤 실수가 벌어질지 미리 고려할 수 없기 때문이다. 모든 상황이 틀림없이 설정되어 어떤 확률로 해결할 수 있다는 전제가 성립된 것도 문제다. 이 경우 이벤트가 중복되면서 실패 확률이 낮아지지만, 만약 해결할 수 없는 이벤트일 경우 계산이 중지된다(해결될 수 없으므로). 그러니 이런 가능성에 대해서는 아예 상정 자체를 하지 않으며, 뜻밖의 사고나 고려하지 못한 사고를 계기로 큰 사고가 일어날 경우에 대해서도 고려하지 않는 것이다(실은 생각할 수 없겠지만).

따라서 이는 결국 책상머리에서의 리스크 계산에 불

과하며, 막상 현실에서는 부적합하다는 것이 증명되기도 했다. 5년 뒤인 1979년 스리마일 섬 2호기 멜트다운 사고가 일어났기 때문이다. 이 사고는 2차 냉각수(전기터빈을 돌려 수증기를 식히기 위한)를 순환시키던 급수 펌프가 고장으로 멈춰 서면서 1차 냉각수의 열을 식히지 못해(보통은 2차 냉각수로 열이 옮겨가지만) 원자로 내 압력이 상승했고, 이 압력을 내리기 위해 열려 있던 바이패스 밸브by-pass valve가 닫히지 않는 바람에 1차 냉각수가 점차 유실되어 결과적으로 노심이 노출되면서 멜트다운이 일어난 것이었다. 다행히 수소 폭발은 면했지만, 대량의 방사능이 수증기와 함께 외부로 방출되고 노심이 중대한 손상을 입은 '레벨5' 사고였다. 그로부터 35년 후인 2014년 겨우 노심 제염 작업이 개시됐지만, 폐로까지는 아직 십수 년의 시간이 필요하다.

그리고 1986년 소련(현재는 우크라이나) 체르노빌원전 4호기 폭주사고로 대량의 방사성물질이 외부로 방출되어 유럽 전역에 방사능 오염이 퍼짐으로써 세계를 뒤흔들었다. 이 원자로는 '채널형 흑연감속 경수냉각 비등수형Реактор Большой Мощности Канальный'이라 불렸다. 흑연으로 중성자 속도를 낮추고(감속재는 흑연), 보통의 물로 핵반응에 의해 발생한 에너지를 흡수(냉각재는 경수), 이것이 다시 수증기가 되어 직접 발전터빈을 돌리는(비등수형) 방식이다. '채널형'이라 부르는 것은 흑연에 원통형 구멍(채널)을 뚫어 연료봉의 집합체를 끼워 넣었기 때문이며, 냉각재인 물이 유실돼도 반응이 폭주하지 않는 장점이 있다고 여겨졌다. 이런 자신감 때문인지 처음부터 100만 킬로와트급 원자로로 만들어졌다. 사고는 정기 점검을 위해 출력을 7%까지 낮춘 상태로 운전하던 과정에서 일어났다. 다른 실험을 병행하려던 시점에 돌연 출력이 올라가더니 제어봉을 넣었는데도 불구하고 출력이 계속 상승했다. 이를 제어할 수 없어지면서 멜트다운이 일어났고, 다량의 수소가 발생해 끝내 수소 폭발이 일어난 것이다. 이로 인해 초기 소화 작업에 참여한 소방사와 작업원 40명 이상이 대량의 방사선에 노출되어 사망했고(방사능에 노출된 것도 모른 채 작업을 계속한 결과), 약 5년 후 수많은 아이들에게 갑상선암과 백혈병이 발병하는 피해가 속출했다. 이러한 문제들에도 아랑곳없이 러시아는 이를 무시한 채 많은 원전을 건설하고 있어 재차 같은 사고가 일어날 수밖에 없는 상황이다.

최근 밝혀진 바에 따르면, 체르노빌 사고에서는 이미 피폭 직후부터 갑상선암 환자가 나왔지만, 의료 시스템과 의료기구가 갖춰지지 않아 병례를 파악할 수 없었다. 의료 시스템이 충분히 갖춰지고, 최신 의료기구가 마련된 5년 후부터 심도 있는 진료가 가능해졌다. 그러니 환자가 갑자기 늘어난 것처럼 보이지만, 실제로는 환자가 드러나지 않았던 것뿐이다. 이처럼 의료 환경의 문제로 환자 수가 바뀔 수도 있으니 주의가 필요하다.

그리고 후쿠시마원전 사고가 일어났다. 대지진과 지진해일로 외부전원이 상실되고, 보조엔진이 지진해일에 침수해 움직일 수 없게 되면서 노심을 냉각시키는 1차 냉각수가 공급되지 못한 것이 직접적 원인이었다. 1, 2, 3호기 모두 고온에 의한 멜트다운이 일어나 우라늄 연료집합체가 공기 중에 노출됐다. 특히 1, 3호기에서는 수소가 발생하면서 폭발이 일어나 원자로 건물 자체가 파괴되어 격납용기까지 손상됨으로써 방사성물질이 대량 유출됐다. 4호기는 정기 점검을 위해 원자로가 정지된 상태이기는 했지만, 역시 전원이 상실되면서 냉각수 공급이 불가능해졌기 때문에 연료집합체를 냉각시키던 풀의 물이 말라버려 폭발이 일어났다.

체르노빌 사고처럼 화재가 발생하지 않아 방사선에 노출되는 현장 작업이 많지 않았던 건 다행이었다. 그로 인한 직접적인 사망 피해가 발생하지 않았기 때문이다. 하지만 유출된 방사능에 다수의 사람이 피폭됐으므로 앞으로 어떤 피해가 발생할지 주목하지 않으면 안 된다. '원전사고로 직접적인 사망자가 나오지 않았다(그러니 별일 아니다)'라고 말하고 싶은 이들이 많은 것 같다. 그러나 방사선 피폭으로 오랜 세월 고통받는 사람이 많다는 게 원전사고가 일으키는 일반적 문제라는 것에 유의해야 한다.

그밖에 레벨5 이상의 중대한 원자력사고로 꼽을 수 있는 것이 1957년 소련 마야크Маяк 재처리공장에서 일어난 고준위 폐액 탱크 폭발사고(레벨6)와 같은 해 영국 윈즈케일Windscale[21] 원자로에서 일어난 방사능 유출사고(레벨5)다. 전자는 고준위 방사성 폐기물 저장탱크의 냉각장치가 고

---

21 현재의 지명은 세라필드Sellafield다.

장 나면서 온도 상승으로 인한 화학폭발이 일어나 대량
의 방사성물질이 외부로 유출된 사고다. 후자는 핵무기
생산용 원자로(발전용이 아니므로 원전은 아니다)의 노심에
화재가 발생해 방사성물질이 주변부로 방출된 사고였다.
이 두 사고 모두 원자력시설 사고이지 원전사고는 아니
다. 1997년 일본 도카이무라東海村 재처리공장에서 일어
난 화재사고는 다행히 외부로의 방사성물질 방출이 없었
기에 레벨3으로 끝났지만, 원전뿐만 아니라 원자력시설
에도 위험성이 있다는 걸 잊어서는 안 된다. 특히 재처리
공장에서는 고준위 방사능 용액을 취급하므로 폭발사고
등이 일어나면 환경오염이 원전사고에 의해서 보다 심각
해질 가능성이 있는 만큼 주의가 필요하다.

6) 원전의 사고 확률

대형 원전이 영업운전을 개시한 게 1970년 무렵이므
로 현재 44년이 지났다. 그동안 세계적으로 레벨7 원전
사고가 2건(원자로 수로는 4기), 레벨5 원전사고가 1건 일
어났으니 레벨5 이상의 중대사고 빈도는 건수로 계산하
면 3건, 원자로 수로 계산하면 5기다. 15년이 채 못 되어

1건, 혹은 9년 좀 못 되어 1기의 원자로가 멜트다운을 일으킨 것이다. 평균적으로 거의 10년에 한 번씩 원자로 중대사고가 일어난 것이라 볼 수 있다. 이 사고 확률은 세계적 수치에 근거한 것이지만, 일본에서도 이와 다르지 않은 사고 확률이 나타나고 있다는 점에서 이후의 평균적인 원전사고 빈도를 보여준다.

일본에서 거의 50기의 원전이 정기적으로 운전한 지 약 30년이 지났다. 그동안의 적산가동량積算稼動量을 따져 보면, '30년×50기=1500년 · 기'다. 여기서 3기가 멜트다운을 일으킨 걸 고려하면 적산가동량을 3기로 나눈 수치는 1500년 · 기 / 3기=500년이다. 따라서 '원전 1기가 사고를 일으킬 확률은 500년에 한 번'이다.

일본에서 현재 48기의 원전이 운전 가능하므로, 약 10년에 한 번이라는 사고 확률은 세계 평균과 일치한다. 결론적으로 10년에 한 번 원전에서 중대사고가 일어나는 사태를 피할 수 없다는 이야기다.

'원전 1기당 500년에 한 번'이라는 사고 확률을 단순하게 일반화하면, 운전 · 건설 중인 것들까지 포함해 전 세계의 원전이 약 500기 정도이니 매년 1기씩 중대사고가 일어난다는 결론이 나온다. 하지만 앞서 살펴본 바와 같이 '10년에 한 번'을 기준으로 한 사고 확률이 나와 있고, 일본의 사고 확률 또한 같다고 해서 '원전 1기당 5000년에 한 번 사고가 일어날 것'이라며 같은 선상에서 계산한 세계적 수치를 제시할 수는 없다. 이는 바꿔 말하면 일본이 세계 평균보다 10배나 높은 확률(500년에 한 번)로 사고를 일으켰음을 증명하는 한편, 그간 일본이 안전신화에 사로잡혀 얼마나 안전대책에 소홀했는지 깨닫게 하는 대목이다.

어쨌든 세계 어딘가의 원전이 사고를 일으킬 확률이 10년에 한 번 정도라는 점을 늘 기억해야 한다. 실제로 원전은 집중적으로 들어서 있는 경우가 일반적이고, 2기(혹은 3기)에서 연쇄적으로 사고가 일어날 확률이 20년(혹은 30년)에 1건(2기 또는 3기가 동시에)이라는 수치가 나올 가능성이 높아 얼핏 사고 확률이 그리 높아보이지 않을 수 있다. 하지만 냉정하게 보면, 10년에 한 번이라는 확률은 이미 정해져 있는 것이나 마찬가지다. 우리는 이토록 위험한 지구에서 살고 있다.

원전추진파는 후쿠시마 사고를 3기가 아니라 '1건'이

라 뭉뚱그려 계산함으로써 일본의 사고 확률을 3분의 1로 축소하려 한다. 설사 그렇더라도 여전히 높은 확률이건만 한술 더 떠 '일본은 후쿠시마 사고를 경험함으로써 여러 가지를 배웠기 때문에 안전성이 높아지고 사고 확률도 줄어들 것'이라는 소리까지 한다. 어찌 보면 실패를 통해 뭔가를 배운 것처럼 들리는데, 실제로는 원전 내부가 어떤 상태인지 알 수 없다. 그런 까닭에 어떤 경과로 멜트다운이 일어났는지 그 전 과정을 극명하게 추적해 사고의 자세한 내용을 밝힌 뒤에야 비로소 안전성 제고를 위해 무엇을 할 것인지 대책을 세울 수 있다. 그러므로 아직 우리는 아무것도 배우지 못한 상황이다. 따라서 '사고를 경험함으로써 여러 가지를 배웠기 때문에 안전성이 향상됐다'고는 결코 말할 수 없다.

7. 역사 속으로 사라진 토륨원자로

원전에는 세 가지의 주요한 구성요소가 있고, 원자로 설계도는 무엇이 사용되는가에 따라 몇 가지 패턴으로

―

나뉜다. 그 첫 번째가 핵반응을 일으키는 물질이다. 통상 천연우라늄이나 우라늄 235의 함유량을 4% 정도까지 높인 (저)농축우라늄이 쓰이지만, 핵분열을 일으키는 토륨 232(Th-232)를 사용하는 선택지도 있다. 두 번째는 감속재로, 핵반응이 일어나기 쉽도록 중성자의 속도를 떨어뜨리는 역할을 하며, 비교적 가벼운 원소로 구성된 물(수소와 산소가 결합한 보통의 물인 경수나 수소보다 2배 무거운 중수소와 산소를 결합한 중수가 있다)이나 탄소(흑연)가 쓰인다. 세 번째는 냉각재로, 핵반응을 통해 방출된 에너지를 흡수하는 매질medium이다. 물(경수 혹은 중수)이나 헬륨가스, 혹은 탄산가스가 사용된다. 그리고 다량의 열에너지가 포함된 냉각재에서 2차 계열의 물로 에너지를 이동시킨 후 수증기로 만들어 전기터빈을 돌린다(물이 냉각재로 작용, 증기가 되어 직접 전기터빈을 돌리는 방식도 있다).

이 세 가지 구성요소 조합 방식에 따라 원자로 형태도 몇 가지 패턴을 지녀야 하지만, 실제로는 그렇지 않다. 핵연료로 우라늄을 쓰는 원자로가 100%이며, 감속재로도 냉각재로도 통상적인 물(경수)이 쓰이는 미국이 개발한 원자로가 80%를 점하고 있다. 아이젠하워 대통령의

'평화를 위한 원자력' 연설 이후, 미국이 세계 원자력 개발의 주도권을 장악해 각국으로 판로를 확장한 결과다. 영국, 캐나다, 소련이 각각 독자적인 원자로를 설계 · 개발해 수출도 했지만, 미국의 조직적 공세를 당해내지 못해 거의 보급되지 않은 것이 현실이다.

어떤 원자로든 우라늄을 연료로 하는 게 공통적이며, 토륨을 연료로 하는 원자로가 우라늄보다 자원량resources이나 안전성 등에서 더 낮다는 평가가 있음에도 불구하고 앞으로도 본격적으로 사용될 전망이 없다는 사실을 어떻게 봐야 할까. 우라늄 235와 마찬가지로 토륨 232는 중성자를 흡수하면 토륨 233이 되어 핵분열을 일으키는 성질이 있다. 그리고 토륨의 자원량은 우라늄의 3~4배로 예상되기 때문에 에너지원으로서도 우라늄보다 토륨 쪽이 우세하다.

토륨의 불소화합물은 융점melting point이 낮으므로 통상적으로 액체 상태다. 따라서 이것을 연료로 가득 채운 원자로를 용융염로molten salt reactor라 부른다. 액체 상태의 연료는 그대로 감속재가 되고, 또한 에너지를 방출하며 흘러 원자로 밖으로 열을 내보내는 냉각재 역할도 한다. 일반적인 우라늄 원자로에는 고체 상태인 연료집합체가 쓰이며 그 주변을 감속재와 냉각재가 에워싸고 있지만, 토륨 원자로에서는 액체 상태의 용융염이 연료·감속재·냉각재의 세 가지 역할을 한다. 따라서 통상적인 원자로의 경우에서처럼 냉각재 상실사고가 일어나거나 핵반응이 폭주하는 등의 결점 또한 사라진다. 원자로가 파괴되어 액체연료가 원자로 밖으로 유출되더라도 바로 냉각되어 굳어지므로 큰 사고로 발전하지 않는다. 게다가 액체연료의 일부를 빼내 핵분열로 생겨난 반응물을 제거하고 다시 원자로 안으로 집어넣기만 하면 원자로를 정지시키지 않은 상태로 청소 작업도 할 수 있다. 방사성 폐기물도 우라늄을 사용할 때보다 적게 생성된다.

이처럼 우라늄 원자로보다 많은 장점이 있음에도 토륨 원자로가 주류가 될 수 없었던 건 군사적 이유 때문이다. 우라늄에서 핵분열성 플루토늄을 만들어내면 이것을 다시 원폭 재료로 사용할 수 있으므로 우라늄을 이용한 연구에 관심이 집중된 것으로 추정된다(게다가 플루토늄으로 증식로를 만들면 우라늄을 낭비 없이 사용할 수 있다고 생각했을지도 모른다). 반면, 토륨으로 원폭을 만들기 위해서는 일단 원전 가동 시작 단계에서 인공적인 중성자 조사 irradiation가 이뤄져야 하는데, 즉각적인 대응이 필요한 군사 용으로는 적합하지 않아 방치된 것이다. 다시 말해 핵 개발이 군사 우선으로 시작됐다는 역사적 우연 때문에 우라늄 편중이 일어났고, 이런 현상이 다시 원전의 '평화적 이용'까지 옮겨간 결과 토륨 원자로는 주목받을 수 없었다. 현재 토륨 원자로는 토륨 자원이 많은 인도에서만 연구되고 있다.

그럼 장차 우라늄 자원이 줄어들면 토륨 자원이 주목받을 수 있을까? 그도 그리 쉽지 않아 보인다. 토륨 원자로는 핵반응을 이용하므로 필연적으로 방사성 폐기물이 나올 수밖에 없다. 그 처분 방법도 쉽게 찾을 수 없고 누적되기만 해서 이제껏 그랬던 것처럼 처리를 뒤로 미루는 것으로는 문제를 해결할 수 없기 때문이다. 우라늄 원자로에 보관할 수 있는 것도 앞으로 50년 정도이며, 설사 막대한 연구 투자가 이뤄진다 하더라도 방사성 폐기물을 50년 정도밖에 보관할 수 없는 토륨 원자로를 개발할 순 없지 않은가. 결국, 토륨 원자로는 오늘날 인류가 처한 상황 때문에 역사 속으로 사라질 운명이다.

제3장

3·11 원전이 안고 있는
수많은 문제

—

1. 원전의 반윤리성

먼저, 원전이 안고 있는 심각한 문제로 '반윤리성'을 지적하고 싶다. 원전이 존재하고 가동되는 것만으로 윤리에 위배되는 상황이 발생한다는 것이다. 더욱이 원전사고로 방사능이 유출되는 사태에 이르면, 그 반윤리성은 확대되고 더 예리한 형태로 인류의 존재를 위협한다. 이는 원전이 안고 있는 '원죄'와도 같은 것으로, 우리는 언제나 이 사실을 의식하지 않으면 안 된다.

원전은 위험한 방사능을 대량으로 안고 있어 한 번 사고가 나면 인체에 위험한 방사능을 환경에 방출할 위험성이 있다. 그러므로 원전 주변은 사람이 살지 않는 과소지대depopulated area여야 한다. 원전은 안전하니 괜찮다면서 인구가 밀집한 도회지에 원전을 건설할 생각은 누구도 하지 않는다. 만에 하나라도 사고가 나면 막대한 희생자를 낼 수 있으므로 원전은 반드시 과소지대에 지어야한다. 그러나 아무도 살지 않는 과소지대 따위는 일본에서 이미 사라진 지 오래이기 때문에 마땅한 산업이 없어 인구가 감소하고 주민 대부분이 객지벌이를 나갈 수밖에 없는 지역을 제물로 삼는다. 그렇게 개발교부금이라든가 시설의 고정자산세 같은 임시 수입을 보증하는 한편, 전력회사가 거액의 기부금을 내놓아 반대파를 무력화하는 게 전형적인 수단이다. 돈과 이권을 미끼로 원전이라는 위험물을 과소지대로 '떠넘기는' 것이다. 이는 원전의 반윤리성을 반증하는 대표적 사례로, 국가의 골칫거리를 지방에 떠넘기는 구조는 오키나와에 미군기지를 집중시킨 데서도 공통으로 나타났다. 철학자 다카하시 데쓰야高橋哲哉는 이를 가리켜 '차별의 구조'라 부른다. 이는 국가의 중추에 자리 잡은(그리고 우리 안에 존재하는) '식민지적 발상'에 유래한 정신 구조 때문이 아닐까?

두 번째의 반윤리성은, 원전이 우라늄이라는 방사능을 가진 원소를 여러 상황에서 취급해야 하므로 우라늄 광석 채굴부터 정련·장전·점검 수리·처리·폐기·폐로 등의 전 현장에서 일하는 모든 노동자에게 방사선 피폭을 '떠넘긴다'는 것이다. 따라서 이러한 노동은 일반적으로 기층 노동자들에게 할당되어 피폭으로 인한 질병 피해가 생기더라도 흐지부지된다. 그런 가혹하면서도 겉으로 드러나지 않는 노동으로 원전이 시동된다는 걸 우리는 얼마나 알고 있을까.

반윤리성의 세 번째는 세대 간 윤리에 관한 것이다. 원전 운전이 시작된 이후 발생하는 방사능 폐기물은 10만 년이라는 기간에 걸쳐 엄중히 관리돼야 하므로 결국 현 세대가 그 뒤처리를 미래 세대에 '떠넘기고' 있다. 마치 '화장실 없는 다세대주택'처럼 원전의 폐기물 처리·보관에 대해서는 아무 대책 없이 모든 걸 뒤로 미루기만 한다. 우리는 원전으로 인한 당장의 이익에 만족할지 모르지만, 이를 물려받는 미래 세대는 부담만 될 뿐 아무런 장점이 없다. 이런 면에서 보면, 우리가 자손들에게 얼마나 심각한 죄를 짓고 있는지 생각하지 않을 수 없다.

즉, 원전이라는 존재 자체는 이미 반윤리성에 짙게 물들어 있으며, 다양한 문제를 소수의 인간과 미래 세대에 '떠넘기는' 행위를 통해 구성된다. 이처럼 원전과 반윤리성은 결코 분리될 수 없다.

게다가 큰 사고가 나 방사능이 환경에 유출되는 일이라도 일어나면 더욱 심각한 비윤리적 측면이 드러난다. 원전의 방사능 오염을 사람들에게 '떠넘기는' 일이 벌어지기 때문이다. 이는 후쿠시마 사고의 경우에서도 확인할 수 있다. 방사능에 오염된 장소에서는 사람들이 살 수 없으니 토지를 방치할 수밖에 없다. 고향을 빼앗기는 것이다. 아울러 그곳에서 전개되던 생업(농업·목축업·산림업 등)을 계속할 수 없고, 설령 방사선량이 감소하더라도 소문에 의한 피해 때문에 원래의 생활로 돌아갈 수 없다. 오염수 문제가 발생한 것처럼 해수 오염도 문제가 되고, 대기를 통해 전 세계인에게 여분의 방사능 피폭을 떠넘기는 사태에 직면한다.

오이원전 운전 정지 소송 판결문에선 '개인의 생명, 신체, 정신 및 생활에 관한 권익은 그 총체가 인격권이라 할 수 있다'며 '커다란 자연재해와 전쟁 이외에 이 근원적인 권리(인격권)가 지극히 광범위하게 박탈당할 가능성이 있는 건 원전사고밖에 상정할 수 없다'는 점을 지적한다. 원전사고는 대지진이나 전쟁에 필적할 만한 일로서 인간의 살아갈 권리를 침해할 수 있으므로 만에 하나 이러한 원전사고를 초래할 위험이 있다면 중지 판단을 내릴 수 있다는 것이다. 원전에 인격권을 부정할 수밖에 없는 중대한 반윤리성이 있음을 명확히 보여준 사례다. 즉, 원전은 인류의 지속가능성에 반하는 상황을 유발할 수밖에 없다는 것이다. 후쿠시마원전 사고 소식을 들은 독일의 메르켈Angela Merke 총리는 즉각 '안전한 에너지 공급을 위한 윤리위원회Ethics Commission for a Safe Energy Supply'를 소집했는데, 이 위원회의 결론은 '원전은 인류의 지속가능성에 윤리적으로 장애가 된다'는 것이었다.

이처럼 '반윤리성'을 고유의 특성으로 지닌 과학기술은 그리 많지 않다. 우리는 이러한 과학기술에 어떻게 대응할지 고민해야 한다. 아마 원전을 넘어서는 반윤리적 과학기술은 원·수폭 같은 핵무기 정도일 것이다. 핵무기는 환경파괴와 인명살상이 직접적인 목적이기에 반윤리성의 극치라 할 수 있다. 하지만 인류는 이를 철폐하지 못하고 있다. '핵억지론', 즉 '핵무기의 존재가 전쟁을 억지한다'는 허울 좋은 논의에서 핵무기의 파괴성과 잔학성에 따른 반윤리성을 오히려 긍정적으로 평가하기 때문이다. 인간의 어리석음에 탄식하지 않을 수 없다.

―

원전을 멈추지 못하는 건 '안정적인 에너지원으로 경제 논리에 맞기' 때문인가? 하지만 그런데도 오이원전 운전 정지 소송 판결에서 '원전 가동은 법적으로 전기를 생산하기 위한 한 가지 수단이자 경제활동의 자유에 속하므로 헌법상 인격권의 중추 부분보다 낮은 위치에 놓여야 한다'고 단언하듯이, 우리는 좀 더 명확하게 인격권을 인식할 필요가 있다.

2. 원전의 위험성

원전이라는 위험물은 당연히 어떤 규모의 천재天災가 들이닥치더라도 버틸 수 있는 완강함을 갖춰야 한다. 그렇지 못할 경우 언제든 파괴되어 큰 피해를 볼 가능성을 각오해야 하기 때문이다. 이러한 사태를 피하기 위해서는 천재가 언제 찾아올지, 어떤 규모일지를 예측해 재해가 일어나지 않도록 손을 써둬야 한다. 하지만 이를 미리 알지 못하는 까닭에 언제 어떤 천재가 엄습하더라도 원전은 절대 파괴되지 않도록 대비해야 한다.

—

　그러나 이는 불가능하다. 애초에 기술이란 인공물(이를테면 건조물)에 걸리는 부하負荷의 크기에 대해 일정한 기준치를 정하고(상정하고), 이를 충족시키기만 하면 합격하는 식으로 '타협' 혹은 '확정'하는 형태를 취하기 때문이다. 따라서 '기술에 절대적인 건 없다'고들 하는 것이며, 그런 이유로 안전기준 또한 '상대적'으로밖에 충족될 수 없다. 설정된 기준만 분명하면 기술을 이행할 수 있으니 예상보다 큰 부하가 걸려 인공물이 파괴되어도, 그것은 '상정외想定外'이므로 면죄부를 받을 수 있다. 후쿠시마 사고와 관련해서도 '상정외였다(그러니 어쩔 수 없었다)'는 이야기가 있었다는 건 잘 알려져 있다.

　즉, 원전을 포함해 어떤 건조물도 내진기준 같은 강도의 한계를 설정하고 그 이하의 진도에만 버틸 수 있도록 설계 시공되어 있으므로, 이를 넘어서는 충격이 가해지면 어떻게 될지 보증할 수 없다는 것이다. 어떤 진도에도 견딜 수 있는 건조물은 비용과 공기, 사용편의성 등을 고려하면 만들 수 없기 때문이다. 따라서 기술자는 당연히 강도 한계를 상정하며, 이를 넘어서는 사태가 일어나면 어떤 일이 벌어질지 예상할 수 없으므로 언급 또한 하지

—

않는다는 게 가장 큰 문제다. 그런데 도대체 언제부터 강도 한계를 상정해 설계됐다는 사실을 잊은 채 어떤 경우에서든 완벽하다고 믿게 된 걸까. 그런 경우에는 '상정외'라는 변명이 통하지 않는다. '무한의 강도를 상정했는데 그렇지 않다는 걸 알게 됐다'고 말하는 것과 같기 때문이다.

그 전형적인 예가 원격로봇 사례다. 원자로 내부 검사를 위해 이 로봇에 35억 엔이나 되는 예산을 투입했지만, 원자로 내부가 파괴될 리 없으니 불필요하다며 결국 폐기해버렸다. 오만한 도쿄전력이 원자로가 손상되는 사고를 상정하지 않았던 것이다. 그래서 정작 노심이 멜트다운을 일으켜 내부 상황을 검사할 로봇이 필요해졌을 때는 미국의 도움을 받아야만 했다. 또한, 외부전원이 모두 상실되는 상황도 상정하지 않았다. 보조엔진 설치 장소가 지하로만 설정되어 있었기 때문에 지진해일에 침수됐고, 급수를 진행할 전원차를 배치해두지 않아 노심을 냉각할 수 없는 상태에서 멜트다운이 일어났다. 이런 일들을 '상정외'였다고 할 수 있을까? 애초부터 상정하지 않았던 것이니 '무상정'이다. 전문가로서 실격인 셈이며, 엄중하게 규탄받아 마땅하다.

현재 문제로 부각되어 당분간 논의가 이어지리라 예상되는 것이 '오염수 문제'다. 원자로를 냉각시키기 위해 주입돼 있던 물이 완전히 순환할 수 있는 시스템이 아니었기 때문에 방사능에 오염된 물을 탱크에 비축해둬야만 하는 상황이 이어졌다. 여기에 지하에서 분출된 물이 뒤섞이면서 오염수가 막대한 양으로 늘어나 바다로 흘러간 건데, 어민들은 이를 인정하지 못한다. 지하수가 오염수와 뒤섞이지 않도록 동토벽凍土壁[22]을 만들어 차단하려 하지만 성공할 가능성은 요원하다. 도쿄전력은 이 오염수 문제조차 상정하지 않고, 언젠가 풍부한 지하수가 문제가 될 것이라는 상식적인 지적을 무시했다. 바다로 흘려보내면 된다고 단순하게 생각했을지도 모른다. 하지만 막상 사고가 일어나자 이를 포함한 어떤 조치도 취하지 못한 채 그저 도움을 청할 수밖에 없었다.

이렇듯 기술자들이 안전신화에 중독되어 기술의 한계를 상정하지 않는 바람에 일어난 수많은 문제가 있다. 더

---

22 바닷속 해당 범위를 둘러치듯이 땅속에 관을 묻고, 관 내부에 영하 40도 이하의 냉각재를 순환시켜 주위 땅을 얼려 만드는 벽(콘크리트로 만드는 것보다 단시간에 벽을 건설할 수 있다). ─옮긴이

욱이 상정돼 있다 하더라도 그 강도 한계가 후퇴해 있다는 점을 지적하지 않으면 안 된다. 후쿠시마 제1원전 1호기는 설치 후 40년이 지난 노후한 원자로이며, 부품과 장치가 금속 피로metal fatigue23 때문에 열화되었음이 분명했다. 하지만 당시까지 별다른 문제가 발생하지 않았으므로 같은 강도를 유지하더라도 문제없을 거라는 '상정'이 지속됐다. 이것을 '상정의 후퇴'라 하자. 그렇게 현실이 강도 한계를 넘어서면 사고가 일어나는 것이다. 후쿠시마에서도 지진 진동으로 원자로 배관 등이 파괴됐을 가능성이 있다.

이는 '(특정한 작업의) 절차를 생략'한 것과도 상당한 유사성이 있다. 작업 과정에서 특정한 절차를 생략했는데 아무 일도 일어나지 않는다면, 아예 그 절차가 불필요하다고 오인해 다음부터는 생략하는 게 당연해지기 때문이다. 또, 절차에 대한 생략이 거듭되었음에도 아무 일이 일어나지 않을 경우, 이러한 분위기는 그저 '일반적인 것'이 되어 점차 그 분야를 확대함으로써 끝내는 대형사고

---

23 진동 때문에 생기는 금속의 열화현상. 금속 표면에 조금이라도 상처가 있으면 이것을 중심으로 진동이 있을 때마다 상한 곳이 점점 퍼지게 된다. ―옮긴이

를 일으킨다. '생략이 생략을 부르는' 현상과 마찬가지로 '상정의 후퇴가 정도를 더해가며 후퇴를 부른' 끝에 파국을 맞는다.

원자력규제위원회가 발족하기 전, 간 나오토菅直人 총리는 모든 원전이 '스트레스 테스트stress test'에 합격해야 한다는 조건을 내걸었다. 여기서 등장한 말이 '클리프 엣지cliff edge'다. '벼랑 끝'이라는 의미에서 알 수 있듯이 '클리프 엣지'만 넘어서면 벼랑에서 떨어지듯 파괴가 진전되는 것을 비유하는, 강도 한계의 의미를 직관적으로 표현한 말이다. 그런 맥락에서 오늘날의 기술이란 벼랑 끝을 걷고 있다.

게다가 일본은 몇 개의 지각판이 서로 부딪히는 경계에 있어 지진과 지진해일, 화산이 많은 나라다. 그리고 지면의 여러 곳에 활단층active fault24이 뻗어 있어 지반이 취약해 '두부 위의 나라'라는 야유를 받기도 한다. 그런 장소에 원전을 50기 이상 건설한 것은 애초부터 무모한 일이었다. 또, '클리프 엣지'를 정한다 해도 그 기준이 지진

---

24 지질시대 중 비교적 최근인 제4기에 활동했으며, 현재도 활동하는 것으로 보이는 단층을 말한다. - 옮긴이

과 지진해일이 드문 서양보다 훨씬 엄격할 수밖에 없으므로, 이러한 측면만 봐도 원전 건설은 사실상 불가능한 일이었다.

하지만 일본이 처음 맺은 '턴키 계약'에서 볼 수 있듯이, 일본은 영국·미국식 원전을 그대로 들여와 '시동키만 돌리면 되는' 기술을 도입했다. 자연환경의 차이 등이 전혀 고려되지 않은 상태에서 직수입됐으므로 기술적 기반의 검토조차 제대로 이루어지지 않았다. 실제로 후쿠시마 제1원전사고 당시 원전을 덮친 지진해일로 보조전원이 침수해 사용할 수 없게 됐는데, 이 보조전원은 지진해일이 빈번한 일본의 특수성을 전혀 고려하지 않은 채 그저 미국처럼 지하에 배치돼 있었다. 일본은 원전을 하루빨리 수입해 가동하는 데만 급급해 그 기술적 근원조차 파악하지 못했던 것이다.

기술이란 그것이 필연적으로 내포한 한계를 인간이 겸허하게 직시하고 철저한 조치를 취할 때에만 간신히 사용 가능해진다. 그렇다고 해도 한도를 넘어선 재해와 계산하지 못한 실수는 언제든 발생할 수 있으니 안전성을 100% 보증할 수 없다. 즉, 원전을 운전하려 한다면 반드시 사고가 일어날 수 있음을 각오하고, 이를 전제로 원전의 사용 여부를 선택해야 한다.

2012년 후쿠시마원전 사고에 관한 4개의 사고 조사·검증위원회 보고가 차례로 발표됐다(여기서 4개란, 후쿠시마원전 사고 독립검증위원회 ― 약칭 '민간 사고조', 도쿄전력의 후쿠시마 원자력사고 조사위원회 ― 약칭 '도쿄전력 사고조', 국회의 후쿠시마 원자력사고 조사위원회 ― 약칭 '국회 사고조', 정부의 도쿄전력 후쿠시마 원자력사고 조사·검증위원회 ― 약칭 '정부 사고조'를 말한다). 도쿄전력 보고서는 자사의 실패와 태만은 뒤로하고 오로지 천재와 '상정외'에 대한 이야기만 늘어놓으며 책임을 면하려 했다. 나머지 3개의 보고서가 나름대로 원인 규명에 노력한 점은 인정하지만, 그 또한 격화소양隔靴搔癢[25]이다. 즉, 어느 것 하나 명확한 원인과 책임 소재를 밝히는 보고서가 없었다. 이런 이유 때문인지 아직 후쿠시마 사고의 책임 추궁은 이뤄지지 않고 있으며 앞으로도 전망이 불투명하다. 기술적 취약성과 그에 따른 원전의 위험성에 대해 본격적으로 논의되

---

25 신발을 신고 발을 긁는 것과 같이 성에 차지 않아 안타까움. ―옮긴이

지 않고 애매하게 끝나버릴 가능성이 크다. 실로 '무책임한 나라'의 면면이 생생하게 드러났다.

3. 안전신화에 사로잡혀 있던 우리

우리는 원전의 '안전신화'에 사로잡혀 있었다. 원전이 안전하다고 믿었기에 사고 따위는 상상할 수도 없었다. 하지만 곰곰이 생각해보면, 애초부터 원전에 대해 진지하게 생각하지 않았다는 게 솔직한 대답이다. 물론 다카기 진자부로(高木仁三郎, 물리학자)나 히로세 다카시(広瀬隆, 탈핵활동가) 같은 카리스마 있는 탈원전파가 논쟁을 제안했지만 거의 무시당했다. 아마 그들이 원전의 위험성을 과장해서 떠들어댄다고 생각했기 때문 아닐까.

즉, 그간 '건전한 비판자들'을 평가하는 시점이 상실되어 있었다. 다양한 의견이 나오고 건설적인 논쟁이 이루어지기 위한 전제조건은 '건전한 비판자들'의 존재다. 서로 의견이 다르더라도 과학적으로 주장의 논거를 확실히 하고, 부정을 위한 부정이 아니라 어디서 의견이 갈리는

지 더듬어볼 관계를 형성하는 존재가 바로 '건전한 비판자들'이다. 사회가 한 가지 의견으로 폭주하지 않으려면 건전한 비판자들이 필요하다. 다카기 진자부로는 원전의 반윤리성과 기술적 한계를 비판했다는 점에서 전형적인 건전한 비판자였다. 이들의 엄중한 비판이 있었기에 원전추진파도 신중해질 수 있었고, 대형사고도 방지할 수 있었다. 같은 맥락에서 도쿄올림픽과 리니어 신칸센에도 건전한 비판자가 필요하다.

그런데 우리 사회에서 이러한 건전한 비판자들이 허용되는 분위기가 부쩍 위축되고 있다. 무엇이든 신속하게 결정하는 것이 가치 있고, 조금이라도 의문을 제기하거나 비판적인 사람들은 그저 발목을 잡는다며('KY'[26]라고 비난받으며) 배제된다. 이는 근시안적 경제 논리를 주장하는 인간들 때문에 특히 현저해진다. 또한, 마치 객관적인 제삼자의 입장인 것처럼 자신을 치장하는 찬성 · 반대파들에 의해 간단히 재단되는 경향마저 보인다. 그러다 결국 단순히 수적인 우위에 있는 자들의 의견이 '대세'로 자

26　'공기(空気, kuuki)'와 '읽다(読む, yomu)'의 영문 이니셜. '공기를 읽지 못한다(분위기 파악이 안 된다)'는 의미. —옮긴이

리 잡는다.

　이런 상황도 있다 보니 '이상한 발언'에 무관심해지는 경향이 있다는 점을 지적하지 않으면 안 된다. 이를테면 '원전은 안전하니까 피난훈련 같은 건 불필요하다'는 무책임한 말이 버젓이 통용되어 피난훈련을 하지 않게 된 것이 좋은 예다. 아울러 앞서 언급한 바와 같이 '노심은 절대 손상되지 않기 때문에 로봇은 필요 없다'면서 로봇 개발을 중지한 사례도 마찬가지다. 기술을 100% 신용하는 것은 '이상'한 일인데도 그것을 이상하다고 느끼지 않았다. 우리는 말이 실체와 부합하는지 좀 더 민감해져야 한다. '무엇을 비밀로 특정할지는 비밀'이라는 취지를 내세우며 '특정비밀보호법'이 성립됐는데, 이 공허한 말에 좀 더 분노해야 했던 것 아닐까. '안전신화'가 공허한 바람이며 근거 없는 단정을 나열한 것임에도 불구하고, 우리는 그 진위에 아무런 관심도 두지 않은 채 떠돌아다니는 이야기들을 믿고 말았다.

　결정적인 문제는 과학기술의 내실에 대한 무관심이 증대된 현실에서 많은 사람이 안전신화보다 '과학기술 자체에 대한 신화'에 사로잡혀 있다는 것이다. 과학에 대한 조건 없는 신뢰 때문에 과학적으로 보이는 말만 나오면 신뢰하는 것이다. 이는 유사과학pseudoscience이 유행하는 원인이기도 하다. 원전의 안전신화도 이 유사과학에 해당하지만, 이를 꿰뚫어보는 과학기술 리터러시literacy 교육 부족은 심각한 상황이다.

어쩌면 이 배경에는 '기술에 대한 순진한' 믿음이 깔렸을지도 모른다. 일본의 기술력이 상승해 온갖 훌륭한 제품을 내놓으며 세계로부터 주목받던 기억이 뇌리에 남았기 때문이리라. 하지만 원전은 다수의 기술을 조합해 만들어지므로 핵물리학, 열역학, 금속공학, 유체역학, 방사선물리학, 전기공학, 전열공학, 방사화학 등 많은 학문 분야의 지견이 필요하다. 따라서 종적 관계로 쪼갠 학문만으로는 그 전체를 볼 수 없다. 또한, 원자로 설계 등에 있어 에너지의 효율적 이용과 공간 절약 등 생산과정의 효율성을 추구하지만, 수리나 청소, 개량 등의 작업과 관련한 편의는 거의 고려되지 않기 때문에 정기점검이나 사고가 일어났을 때의 작업이 대단히 힘들다. 기술이 어디를 향하는지 알지 못하면서 무턱대고 기술을 맹신하는 것은 위험하다. 하지만 실제로는 그러한 내실에 대해 아무엇도 모른(혹은 알려지지 않은) 채 원전이 안전하다고 믿어왔다.

이런 에피소드가 있다. 한 원전 홍보 전력관電力館 견학을 마친 초등학생이 '원전의 모든 것'이라는 설명을 들은 후 설명을 해준 여성에게 다음과 같이 질문했다. "펠릿pellet[27]이 파괴되면 어떻게 되나요?" 여성은 대답했다. "펠릿은 지르코늄Zirconium이라는 단단한 금속 피복재로 둘러싸여 있답니다." 그러자 초등학생이 "연료봉이 부서지면 어떻게 되나요?"라고 물었다. 여성이 다시 대답했다. "압력용기가 지켜주죠." 하지만 문답은 멈추지 않았다. "압력용기가 파괴되면 어떡하죠?", "그건 격납용기에 둘러싸여 있어요.", "그 격납용기가 파괴되면요?", "튼튼한 건물이 에워싸고 있어요." 그래서 마지막으로 "건물이 파괴되면요?"라고 초등학생이 물으니 여성은 끝내 화를 내며 "건물은 파괴되지 않습니다!"라고 대답했다. 어른들은 '안전신화'에 사고가 정지되어 있는데, 아이는 오히려 그 신화에 회의적이었다.

---

27 산화 플루토늄 또는 산화 우라늄 분말을 압축·연소하여 굳힌 경수로용 핵 원료. 이것을 헬륨가스와 함께 피복관에 밀봉한 것을 연료봉이라 한다. —옮긴이

이제까지 원전 후보지로 선정됐다가 반대여론에 부딪혀 건설을 철회한 곳은 50군데나 된다.[28] 도쿄전력 외에 8개 전력회사 모두가 원전을 건설할 때마다 복수의 후보지를 두었고, 그렇게 전국 각지에 몇 개의 장소를 검토했다. 도쿄전력은 예외인 것처럼 보이지만, 실은 니가타 현 카시와자키柏崎 · 카리와刈羽 원전에 7기, 후쿠시마 제1 · 2원전에 10기 등 후보지를 집중했기 때문에 굳이 다른 장소가 필요하지 않았던 것뿐이다.[29]

과학에 약한 지역민에게 '장밋빛 꿈'을 제시하며 금력을 동원한 전력회사 측 공세로 반대운동이 짓뭉개지는 경우가 많았다. 반대를 관철한 곳은 과소지대라 하더라도 일차산업(농업이나 어업)의 기반이 확실해서 원전에 의지하지 않고 자립 가능한 지역이고, 학습회 등을 통해 주민들이 원전의 위험성을 제대로 이해한 곳들이다. 단적으로 말하면, 사람들은 원전의 위험성을 가늠했음에도 그 대가로 지역에 투입될 금력에 굴복한 것이다. 여하튼

28 미에 현 아시하마芦浜, 니가타 현 마키마치巻町, 교토 부 구미하마久美浜 등.
29 원전이 건설된 지역 중 메이지明治유신 당시 삿초薩長동맹에 반대한 지역이 많다는 속설이 있지만 꼭 그런 건 아니다.

원전이 입지했든 거부로 무산됐든 30년이라는 긴 시간 동안 찬반으로 나뉘어 여러 지역이 분열했던 고통의 역사는 분명히 존재한다.

원전이란 일단 받아들이기로 하면 돌이킬 수 없다. 원전으로 인한 각종 보조금과 고정자산세 등으로 지자체가 재정적으로 윤택해지고, 주민들은 관련 작업을 하는 노동자가 되거나 하청회사에 고용되어 더는 객지벌이에 나설 필요가 없어지기 때문이다. 또는 고용자를 위한 식당·여관·유흥시설 등을 경영해 상시적인 벌이도 할 수 있다. 이는 결국 지역 전체가 원전에 의지해 살아가는 '원전 모노컬처monoculture'가 형성되어 비판 여론이 발 디딜 수 없는 이유이기도 하다. 게다가 원전에서 지역으로 들어오는 세금과 보조금은 결국 해가 지날수록 감소하기 때문에 불어났던 지자체 재정이 곤란해지면 지역은 새로운 원전을 요구할 수밖에 없다. 예컨대 후쿠시마에는 사고가 났어도 자기 지역에는 사고가 없을 거라 믿으며 적극적으로 재가동을 희망하는 것이다. 원전밖에 살길이 없어 '원전신화'에 의지해 살아갈 수밖에 없다. '이렇게 된 이상 자포자기'하는 심정이라고나 할까.

4. 원전이익공동체의 속임수와 그 구조

정치가 · 관료 · 전력업계 · 언론 · 원자력 전문가 등 5
자(이른바 '원전이익공동체')가 결탁해 원전의 '안전신화'를
광범위하게 유포하고, 사람들이 그것을 믿도록 하는 체
제가 정비됐다. 서로 역할을 분담하고, 각자의 입장에서
원전을 예찬하는 선전을 해 사람들 머릿속에 각인시켰
다. 동시에 원전에 반대하는 사람은 시대에 뒤떨어지고
과학에 무지한 사람처럼 취급해 고립시키는 작전도 구사
했다. 이는 일종의 마인드 컨트롤mind control이다.

원전이익공동체의 중심 세력은 정치가들이다. 자민당,
민주당, 자민당 · 공명당 연립 정권 등은 하나같이 선두
에 서서 원전 추진 정책을 유지했으며, 이를 '국책민영國
策民營'이라 불렀다. 국가 주도로 추진된 노선의 영향 때문
에 후쿠시마 사고로 발생한 손해와 피해의 배상 · 제염작
업 등에는 정부가 직접 연관되어 있다(애초에 전력회사가
법적으로 보상해야 할 배상액은 1200억 엔에 지나지 않는다). 이
들은 어디까지나 경제계와 전력업계의 편에서 원전의 연
명을 위해 일하는 것이 정치가의 역할이라는 태도를 견

지했다.

　이러한 정치가들을 뒷받침하는 건 관료들인데, 내각부 소속의 원자력위원회·원자력안전위원회의 실무를 배후에서 좌지우지하는 한편, 실제 행정 면에서는 경제산업성 산하의 원자력안전·보안원이 일상적인 원전의 안전 검사·점검을, 문부과학성(원자력 개발의 중심을 담당했던 예전의 과학기술청이 포함됨) 소속 관료들은 원자력연구소와 원자력시설 전반의 관리를 맡아 왔다. 그들은 전례주의前例主義에 입각해 원전 추진이 국책이라는 관점에서 어떤 의문도 제기하지 않고 모든 걸 당연하게 여긴다.

　또한, 정치가들을 뒷받침하는 것이 전력업계의 헌금인데, 그 대가로 전력업계는 지역 독점 특권을 누리며 총괄원가방식(전력 생산에 드는 직접경비는 물론 홍보비까지 포함된 총경비의 3%를 이익으로 추가하는 방식)으로 이익을 보장받아 왔다. 전력업계가 연합해 전기사업연합회를 결성하고, 각지에 기부하거나 학자들에게 연구비 원조 명목으로 기부하는 등 막대한 자금을 투입해 금권으로 지역과 사람들을 지배했다. 이 전력업계를 전체적으로 지원하는 것이 일본경제단체연합회(경단련)와 경제동우회 등 경제계인데, 전력의 안정적 공급을 구실로 원전노선을 주도한다.

이처럼 정·재계의 원전이익공동체는 원자력 전문가·학자를 포위하는 데 열을 올리고 있으며, 학자들도 이에 부응하면서 '원자력 패밀리'의 결속을 자랑한다. 조금이라도 원자력에 의문을 가진 비판적 연구자가 나타나면 패거리에서 따돌리고 연구자의 길을 막는 등 학계의 원자력 추진파들끼리 뭉쳐 일체의 비판을 용납하지 않는 체제를 구축하고 있다. 과학의 세계는 자유로운 토론과 정보 공개가 이루어질 때만이 정상적으로 발전할 수 있는데, 제대로 된 학술적 비판조차 불가능한 것이다. 또한, 어떤 사람이 원전에 비판 의견을 표명하려 하면, 네트워크를 이룬 전문가들이 총출동해 그 사람을 공격하는 일이 하나의 관습처럼 자리 잡고 있다. 이후 조금이라도 비판 여론을 입에 담지 못 하게 하기 위해서다. 따라서 그들은 '원전마피아原発マフィア'다.

그리고 이 원전이익공동체의 '응원단'이 바로 언론이다(후쿠시마원전 사고 이후 몇 개의 언론이 비판 세력으로 돌아서긴 했지만). 그들은 원자력 개발 추진을 기본적으로 찬성하

—

면서 세세한 부분에만 문제를 제기하거나 불평하는[30] 논조를 펼침으로써 사람들을 원전 추진 노선에 적응시키는 데 크게 기여했다. 전력업계로부터 흘러온 거액의 광고 수입 때문에 스폰서 의향을 헤아려 비판을 자제(그보다 앞잡이가 됐다는 표현이 더 적당하다)했던 것이다. 언론이 이런 상황이니 원전이익공동체가 아무 거리낌 없이 활동할 수 있게 되면서 세상은 원전 추진 일색이 되어버렸다.

이상이 통상적으로 이야기하는 이른바 원전이익공동체의 '펜타곤pentagon'인데, 나아가 사법부(재판소)도 원전이익공동체의 일원으로 가담한 건 아닌지 의심스럽다. 지금까지 20건 이상의 원전 소송이 제기됐는데, 2건을 제외하고 모두 원고 측(소송을 제기한 주민 측)이 패소했기 때문이다. 이유는 정부(또는 전력회사)가 진행한 안전심사는 신용할 수 있으므로 여기에 의문을 제기하는 원고 측의 주장을 받아들일 수 없다는 것이었다. 최고재판소는 이카타伊方원전 소송이 과학 논쟁으로 발전함으로써 정부 측의 패배가 확실시되던 당시에도 돌연 재판장을 교체하

---

30 그런 까닭에 'yes but론論'이라는 야유를 받았다.

며 판결을 뒤집었다. 그 이래 재판관들은 과학적 판단 없이 '정부가 문제없다고 판단했으므로 이를 추인한다'는 태도를 고수했다.

그러나 2014년 5월 21일 오이원전 가동 중지 소송에서 사람들의 생활을 중시하는 인격권이 원전의 경제성 같은 문제보다 중요하며, 안전성이 완전히 보장되지 않는 원전을 운전할 수는 없다는 획기적 판결이 내려졌다. 현재 진행 중인 원전 소송에서 이 같은 판결을 계속 끌어내려면 사법부가 원전이익공동체에서 벗어나야 한다. 그런 의미에서 앞으로의 전개에 주목할 필요가 있다.

그 밖에 다른 많은 직종의 사람들도 원전이익공동체와 무관하지 않다. 이를테면 원자력 분야가 전문이 아닌 과학자들의 경우 원자력을 직접 취급하지 않으니 아무 연고가 없을 수 있지만, 이를 구실로 원전의 위험성을 충분히 알면서도 발언하지 않았다. 알면서도 말하지 않았으니 같은 죄에 해당한다. 또, 학교 교사들은 부교재로 원전의 훌륭함을 가르치라는 강요를 받고 머뭇거리면서도 끝내 그런 내용의 수업을 진행했다. 물론 방사능·방사선을 제대로 이해하지 못한다는 이유로 아이들에게 원자력에 대해 가르치는 일을 경원시했던 교사들도 많을지 모른다. 그렇다 하더라도 그들 또한 무책임했다. 또한, 전력회사가 원전 선전용으로 운영하는 전력관이나 원자력관 등을 찾아가 원전을 호의적으로 설명한 교사들도 있다. 결국, 의도치 않게 교사들도 원전 추진을 위해 동원되어 '원전신화'의 이야기꾼이 된 것이다.

원전의 위험성을 어렴풋이나마 눈치채고도 모른 척하다가 주변에서 '안전신화' 이야기가 나오면 그대로 인정해버린 사람들도 많을 것이다. 모든 걸 떠나 우리가 모두 원전이익공동체의 장단에 춤춰왔다는 사실만은 분명하다. 이처럼 일본 전체가 '안전신화'에 사로잡혀 있었다면, 원전이익공동체의 일원은 아니더라도 각자에 나름의 책임이 있으므로 반성해야 한다. 원전뿐만 아니라 여러 사항에 대해 '신화'와 맹신이 등장한 건 아닐까 확실히 점검하는 일이 중요하다.

5. 오이원전 운전 정지 판결

사법부(재판소)도 원전이익공동체의 일원이 아닐까 의심스러운 건, 주민이 원고였던 원전 소송에서 재판소가 정부나 전력회사의 대변인 역할을 한 것으로 보이기 때문이다. 원전 소송에는 두 종류가 있다. 하나는 정부와 원자력위원회를 고소하는 '원전 설치 중지를 위한 행정소송'이며, 다른 하나는 이미 운전을 개시한 원전에 대해 전력회사를 고소하는 '운전 정지 민사소송'이다. 이 두 가지를 내용으로 한 20건 이상의 원전 소송 중 2건을 제외한 나머지는 모두 피고인인 정부나 전력회사의 승소로 마무리됐다. 이는 모두 최고재판소가 내린 판결의 '정부 산하 원자력위원회가 안전하다고 인정한 판정을 존중한다'는 논리(?)를 답습했을 뿐 재판소가 실제로 원전의 안전성을 검증한 게 아니다. 재판관은 과학적 심의에 대한 개입을 피하면서 형식론으로 일관했다.

그런데 2014년 5월 획기적 판결이 내려졌다. 간사이전력이 피고가 된 후쿠이 현 오이원전 3, 4호기 운전 정지 재판에서였다. 이 판결이 획기적인 건, '개인의 생명, 신체, 정신 및 생활에 관한 이익은 각 사람의 인격에 있어 본질적인 것으로, 그것의 총체가 인격권이라 할 수 있다. 인격권은 헌법상의 권리(13조, 25조)'이면서 '생존을 기초로 한 인격권이 공법, 사법을 막론하고 모든 법 분야에서 최고의 가치가 있는 이상 본 소송에서도 입각해야 할 해석상의 방침일 것'이라며 처음으로 인격권을 기준으로 원전에 대해 논의했다는 점이다. 재판이 입각해야 할 기본적 입장이 '헌법'임을 분명히 했다는 데 이 재판의 본질이 있다(모든 재판이 그래야 하지만).

또한 '원자력 발전소가 전기 생산이라는 중요한 사회적 기능을 수행하고는 있지만, (생략) 법적으로는 전기를 생산하기 위한 하나의 수단이자 경제활동의 자유에 속하는 것이므로, 헌법상 인격권의 핵심 부분보다 낮은 위치에 놓여야 한다'고 명확하게 판단한다. 그리고 '커다란 자연재해와 전쟁 이외에 이 근원적인 권리(인격권)가 지극히 광범위하게 박탈당할 가능성이 있는 것은 원전사고밖에 상정할 수 없다'고 강조한다. 원전사고에 필적할 것은 천재에 의한 궤멸과 전쟁뿐이라는 이야기다.

따라서 '추상적이라도 위험을 내포한 경제활동은, (생

략) 그러한 사태를 초래할 만한 위험성이 만에 하나라도 있으면 그 중지가 용인되어 마땅하다'고 지적했다. 지극히 명쾌한 논리 구성이다. 아울러 '본 건에서는, (생략) 구체적 위험성이 하나라도 있는지가 재판의 대상이 되어야 하며, 후쿠시마원전 사고 이후 이러한 판단을 피하는 것은 재판소에 부과된 가장 중요한 책무를 방기하는 것과 같다'면서 이제까지의 원전 재판에서 재판소가 원전의 위험성까지 구체적으로 고려하며 판단하지 않았음을 에둘러 비판(반성)한다.

이 판결과 관련해 또 한 가지 특기할 만한 점은, 법률적(헌법적) 견지뿐만 아니라 과학적 견지에서 원전 문제를 판단했다는 점이다. 우선, 클리프 엣지(이 지점을 넘어서는 지진이 일어나면 시스템이 붕괴한다)로 1260갈^{gal}의 지진동을 설정했지만, '오이원전에 (이를) 뛰어넘는 지진이 오지 않는다고 확실한 과학적 근거에 기초해 상정하기란 원래 불가능'하므로 어떤 근거가 있는 게 아니다. 아울러 기준 지진동(지진학의 이론이나 경험으로 예상되는 지진의 최대 강도)으로 정해놓은 700갈을 '근거 없는 낙관적 전망에 불과하다'고 판정했다. 실제로 '4개의 원전과 관련해 5회

에 걸쳐 상정한 지진동을 넘는 지진이 2005년 이후 10년
도 안 되는 기간에 일어났다'는 것이다. 좀 더 구체적으
로는 1260갈을 넘는 지진, 1260갈에서 700갈 사이의 지
진, 700갈 이하의 지진 등에 각각 어떤 문제점이 있는지
살피고 과학적으로 되짚은 것 또한 이 재판의 괄목할 만
한 점이다.

또한, 지진이 일어날 경우 사용 후 핵연료가 들어있는
설비 구조에 대해 논하며, '사용 후 핵연료 풀에서 방사
성물질이 유출될 때 원자력 발전소 부지 외부로 방출되
는 것을 방어하는 격납용기 같은 견고한 설비는 존재하
지 않는다'며 그 위험성을 구체적으로 지적한다. '심각한
사고는 좀처럼 일어나지 않을 것이라는 전망에 근거해'
이에 대한 조치를 방기한다는 지적이다. 그리고 결국 '원
전의 안전기술 및 설비가 완벽하다고 볼 수 없는 것 아니
냐는 의혹에 그치지 않고, 오히려 확실한 근거 없는 낙관
적 전망 아래 성립된 취약한 것임을 인정하지 않을 수 없
다'며 그 결함을 날카롭게 지적한다. 과학적인 문제에 진
지하게 매달려 엄격한 판단을 내린 것이다.

다른 한편으로 원전 가동이 전력 공급의 안정성과 비

용절감으로 이어진다는 추진파의 주장에 대해서는 '다수의 생존에 관한 권리와 전기료의 높고 낮음의 문제 등을 같은 선상에서 다루는 논의에 참여하거나 그 논의의 옳고 그름을 판단하는 일 자체가 법적으로 용납될 수 없다'면서 원전의 안전성과 경제성이라는 질적 차이를 무시한 채 사물을 단순하게 비교하는 것이 잘못임을 지적한다. 그 본질적인 이질성으로 인해 비교하는 것 자체가 법에 어긋나는 발상이라는 것이다. 또, 원전이 이산화탄소 배출 삭감에 도움을 준다는 논리가 있는데, 후쿠시마 사고처럼 심각한 사고 발생 시 무서운 환경오염이 뒤따르는 걸 보면 그 논리도 거짓이다. 이와 관련해서도 판결은 '환경문제를 원전 운전을 지속하는 근거로 삼는 것은 대단한 착각'이라고 안이한 비교론을 나무라며 제대로 된 사법체계의 본령을 발휘했다.

그리고 '원전의 운전 정지로 거액의 무역 적자가 발생한다 하더라도 이를 국부 유출이나 상실이라 말할 수는 없다. 풍요로운 국토와 그곳에 국민이 뿌리내려 생활하는 것이 국부國富며, 이를 되돌리지 못하는 것이 국부의 상실'이라는 국부에 대한 탁월한 견해를 제시했다. '후쿠시마 사고로 수많은 주민이 피난생활을 면치 못하고, 또 그 과정에서 생명을 잃는 사태가 다시 초래될 가능성은 일체 배제되어야 한다. 그렇게 함으로써 주민의 인격권을 지킬 수 있고, 나아가 국부와도 이어진다'는 견해는 실로 명쾌하다.

이 판결문은 과학적으로 논의할 수 있는 범위와 더불어 과학적으로는 답을 제시하기 힘든 문제(이른바 '트랜스 과학'의 문제)[31]에 대해 법적·철학적·도의적으로 폭넓은 관점에서 논의하는 내용으로 구성돼 있다. 앞으로는 이러한 방식의 논의가 견지해야 할 입장과 나아가야 할 방향을 중시해야 한다. 더 나아가 원전 재가동, 인격권, 국부의 정의에 대해서도 넓은 범위에서 검토해야 한다. 이 문제는 단순히 원자력규제위원회의 권위에 기대는 것만으로 해결될 수 없다. 아울러 모든 것을 원자력규제위원회에 떠넘기며 문제를 축소하는 오늘날의 풍조도 통렬히 반성해야 한다.

---

31 1970년대 초 미국의 물리학자 앨빈 와인버그Alvin Weinberg는 '과학적으로 서술할 수는 있지만 그 답을 과학으로 찾을 수 없는 기술적·사회적 문제'를 '트랜스 과학trans-science'이라 명명했다. —옮긴이

6. 국제원전이익공동체의 암약

'국제판' 원전이익공동체도 있다. 그 주축은 다양한 방사선 관련 국제단체에 소속된 이들, 다시 말해 방사선 관리 전문가들이다. 일단 방사선 방호와 관련해 가장 권위 있는 국제단체인 ICRP(International Committee for Radiation Protection, 국제방사선방호위원회; NGO)가 있으며, 원자력에너지 이용에 관한 문제는 IAEA가 중심 조직이다. 또, 좀 더 넓은 의미에서 건강·보건 문제를 다루는 WHO(세계보건기구)가 있고, UN에는 과학위원회로 약칭되는 UNSCEAR(United Nations Scientific Committee on the Effects of Atomic Radiation, 핵 방사능 효과에 관한 과학위원회)도 있다. 각각 과학적·객관적 입장에서 정책을 입안·실행해야 하지만, 원자력 이용을 적극적으로 추진하는 미국의 영향력이 강하게 반영된 국제단체라 그런지 방사선 피폭 관리나 방사선이 인체에 미치는 영향에 관해 공정하지 못한 판단을 해왔다. 여기서 잠시 그 역사를 살펴보자.[32]

---

32 고도출판合同出版, 《국제원전이익공동체》 참조.

방사선이 인류사회에 정식으로 등장한 건 1895년 뢴트겐Wihelm Konrad Röntgen이 에너지 출력이 높은 전자에서 방출되는 X선을 발견하면서부터다. 이후 1896년에 베크렐Antoine Henri Becquerel이 우라늄 화합물에서 방사선을 발견했고, 1897년에는 퀴리Marie Curie 부부가 폴로늄과 우라늄의 방사선을 배출하는 능력(방사능)을 발견하는 등 당시까지 미지의 영역이던 방사능과 관련한 발견이 줄을 이었다. 어니스트 러더퍼드Ernest Rutherford는 원자에서 나오는 방사선에 알파선(헬륨 원자핵), 베타선(전자), 감마선(고에너지 전자기파)이 있다는 걸 밝히고, 이후 양자선과 중성자선도 방사선의 일종임을 규명했다. 원자의 중심부에 있는 원자핵이 불안정해 상태변화를 일으키거나 다른 입자로 변화할 때 방사선이 방출된다는 사실을 알아낸 것이다.

한편 초기에는 방사선이 건강에 미치는 악영향을 알지 못해 맨손으로 만지거나 가까이에 두는 경우도 많았다. 마리 퀴리가 남긴 실험 노트에서는 아직도 강한 방사선이 검출되며, 베크렐은 우라늄 광석을 바지 뒷주머니에 넣었다가 화상을 입는 등 위험성을 크게 의식하지 않고 방사능을 취급했다. 또, 붓으로 우라늄을 문자반에 바르는 시계 형광 작업에 종사하던 여성들의 턱에서 암이 발견됐는데, 그 원인은 붓끝을 혀로 핥아 세우는 과정에서 우라늄 피폭을 당했기 때문이다. 베크렐 56세, 페르미 53세, 졸리오 퀴리Jean Frédéric Joliot Curie 58세, 이렌 퀴리Irène Joliot Curie 59세 등 방사선 관련 연구에 종사한 과학자들이 하나같이 젊은 나이에 고통스러운 최후를 맞이한 건 그들이 방사선의 위험성을 충분히 의식하지 못하고 안이하게 취급한 탓도 있으리라.

그래도 의료 분야에서는 그나마 빠른 단계에서 방사선의 해로움이 알려졌다. 방사선을 취급하는 기사에게 악성종양이나 암 발병이 속출했기 때문이다. 그런 이유로 1924년 국제방사선의학회의(ICR, International Congress of Radiology) 제1회 총회가 개최됐고, 1928년 제2회 총회에서는 국제 X선 및 라듐 방호위원회(IXRPC, International Commission on Radiological Protection)가 설립되면서 세계 최초로 방사선 취급자에게 국제 권고가 내려졌다. 그러나 오랜 기간 의료 분야에서만 방사선 피폭 문제를 다룬 탓에 일반인의 피폭 문제가 무시된 것 또한 사실이다.

WHO가 발족한 1950년에야 겨우 '의료 분야 외의 방사선 이용에 대한 고려'를 목적으로 ICRP가 민간조직으로 설립됐다. 국제 사회의 유일한 방사선 방호 어드바이저adviser임을 선언하고, 방사선·전리방사선ionized radiation에 관련된 여러 분야의 활동에 개입하게 된 것이다. 하지만 실제로는 방사선 방호의 국제기관, 방사선의학계, 원자력산업의 3자 유착 체제가 만들어진 것이 그 진상이다.

1955년 UN과학위원회가 미국원자력위원회AEC의 영향력 아래 발족한다. 그들은 핵 실험이라는 정치적으로 미묘한 문제에 대해서는 아무런 권고도 하지 않는다는 방침을 확인했다. 그래서인지 1958년 권고서는 아이들에 대한 방사선 영향이 심각하다는 점을 지적하면서도 아무런 권고도 내놓지 않는다. 이후 핵 개발과 원전 추진을 위해 방사선의 영향을 과소평가하는 국제원전이익공동체에서 일익을 담당하게 된다.

특히 1957년 IAEA 발족으로 원자력에너지 이용 추진이 본격화된 후 1959년 WHO와 IAEA 사이에 협동협정이 체결된 것을 주목할 필요가 있다. 원자력을 추진하는 기관(IAEA)과 건강문제를 다루는 기관(WHO)은 서로 다른 존재 목적을 가지고 있음에도, 이 협정에 따라 쌍방 간의 합의가 없으면 원자력의 효과에 대해 독자적 견해를 내지 못하는 체제가 확립됐다. IAEA와 WHO의 허가 없이 원자력과 관련한 공중위생 활동을 진행할 수 없게 됨으로써 건강문제는 원자력 추진 체제에 종속됐다.

ICRP는 1958년 최초의 권고를 내놓았는데, 이 권고는 '리스크·베네핏risk·benefit론', 즉 '원자력 개발에 따른 리스크(비용)는 원자력 이용을 통해 얻어지는 이익을 고려해 용인·정당화될 수 있다'는 입장이다. 아울러 방사선 피폭과 관련한 ALAP(as low as practicable, 가능한 한 낮게) 원칙이 등장했다. 방사선을 줄이기 위한 대책에 새로 돈을 들이지 않고 현실적으로 실행 가능한 것에 그 범위를 한정한다는 내용이다. 또한, 노동자의 '허용 선량allowable dosage'이 3개월에 30밀리시버트mSv, 일반인에 대한 기준은 그 10분의 1로 설정됐다. 이후 몇 번의 ICRP 권고가 있었는데, 그 내용 변화를 살펴보면 ICRP의 딜레마(방사선 피폭을 최소화하는 편이 좋다는 건 알고 있지만, 피폭량을 엄격하게 제한하면 원자력 추진에 장애가 된다)가 관철됐다는 점이 무척 흥미롭다.

ICRP 권고는 1965년 개정됐다. '리스크·베네핏론'이 일정 정도의 이익을 얻는 사람의 입장에선 비용을 감수할지 몰라도, 핵 실험으로 발생하는 방사성 강하물 radioactive fallout 때문에 손해만 입을 뿐인 사람의 입장에선 어떤 이익도 없어 설득력이 떨어지기 때문이다. 마침 1963년 부분적 핵 실험 금지조약이 체결되어 대기권에서의 핵 실험이 금지됨에 따라 방사선 피폭에 대한 기준 역시 새롭게 ALARA1(as low as readily achievable, 쉽게 달성할 수 있다면 낮춘다) 원칙으로 변경됐다. 이익이 없는 사람들에 대해서는 엄격하게 방사선 관리를 해야 하지만, 그 범위는 쉽게 달성할 수 있는 레벨(그렇게까지 돈을 들이지 않고)로 충분하다고 선언한 것이다.

한편, 1960년대 들어 안전논쟁이 고조되면서 유아들은 소량의 피폭에도 암이나 백혈병에 걸리기 쉽다는 문제가 제기되며 안일한 허용 선량에 대한 비판이 일었다. 이에 따라 방사선 관리 기준이 강화되면서 결과적으로 원전 건설비가 급등해 신규 원전 발주도 감소한다. 이에 원전의 발전 비용 절감을 위한 방책으로 새롭게 등장한 것이 '코스트·베네핏cost·benefit론'이다.

—

그리고 1970년 미국 원자력위원회가 ALARA2(as low as reasonably achievable, 합리적으로 달성할 수 있는 한도 내에서 낮춘다) 원칙을 내놓았다. 이는 오늘날까지 ICRP가 답습하는 원칙이기도 한데, 합리적reasonably 해석에 정반대의 의견이 존재한다. 최선의 기술을 행사하는 기술적 합리성을 의미하는 것인지, 편익을 보증하는 경제적 합리성을 의미하는 것인지에 따라 방사선 피폭을 어디까지 억제할지의 기준에 큰 차이가 발생하기 때문이다.

이러한 움직임에 주목하면서 ICRP는 1977년 ① 정당화(정당한 이유 없이 방사선을 사용하지 않는다), ② 최적화(ALARA2 원칙), ③ 선량 한도(총량 제한치를 넘기면 안 된다)의 3원칙을 내놓았다. 또한, 더 이상 허용 선량을 고려하지 않고 '실효선량당량effective dose equivalent' 개념을 도입해 실제 선량 제한을 계산하는 복잡한 방식에 따라 결과적으로 피폭 선량 기준을 높였다.

1986년 체르노빌원전 폭발사고가 일어났을 당시 IAEA는 표면에 나서서 가능한 한 방사선 피폭량을 작게 어림하고 피폭자 수도 적게 내놓았다. 원자력사고의 피해를 최대한 작게 보이려 한다는 점에서 IAEA의 태도는 러시아의 요구와도 일치했고, 그 결과 많은 피폭자의 실태가 표면에 드러나지 못했다. 또한, ICRP는 히로시마·나가사키 같은 단시간에 걸친 강력한 방사선 노출 관련 데이터는 중시하는 반면, 체르노빌 방사선 오염처럼 장시간에 걸친 낮은 선량에서의 방사선 노출이나 내부 피폭이 중요한 경우는 무시한다는 비판을 받는다. 하지만 IAEA나 ICRP는 세계의 많은 방사선 방호 전문가를 자신들의 편으로 끌어들이는 한편, 비판을 외면하면서 국제적 권위를 휘두른다.

1990년 ICRP는 새로운 권고를 내놓았는데, 노동자의 연간 피폭량은 50밀리시버트, 5년간 피폭량은 100밀리시버트라는 이중 기준을 채택했다. 원전 노동자의 다수가 몇 년 만에 일을 그만두기 때문에 연간 50밀리시버트라는 높은 기준치를 허용한 것이다. 또한, 일반인에게는 연간 1밀리시버트의 기준을 책정했다. 그러다가 2007년 '퍼블리케이션Publication 103'이라는 제목으로 내놓은 새로운 일반 권고에서 긴급 상황의 노동자에 대해 500에서 1000밀리시버트, 일반인은 연간 20에서 100밀리시버트, 사고 수습 이후의 노동자는 연간 20에서 100밀리시버트,

일반인은 연간 1~2밀리시버트라는 복잡한 기준을 내놓았다.

2011년 3월 후쿠시마원전 사고가 일어나자 일본 정부는 방사선 피폭 한도량으로 ICRP의 일반 권고를 적용했다. 작업원에 대해 연간 250밀리시버트, 일반인에게는 피난지역 기준으로 연간 20밀리시버트의 기준치를 설정하고, 학교 교육 기준으로 연간 20밀리시버트, 그리고 아이들에게도 같은 기준을 적용했다.

이처럼 방사선 피폭에 대해 국제단체는 실재하는 위험성을 과학적으로 검증하는 입장에서 벗어나 언제나 원자력 이용을 전제하는 입장에서 경제적 요청을 중시하는 방향으로 움직였다. 이러한 경향은 일본의 방사선 방호 전문가들에게도 공통으로 나타나며, 그들은 항상 일반인에게 방사선을 두려워할 필요가 없다고 강조한다. 영락없는 국제원자력이익공동체의 일원이라 할 만하다.

제4장

원전에 얽힌
복잡한 사정들

—

1. 천재天災가 사고의 원인이 되고, 인재人災가 사고를 확대하다

당사자가 아니라면 이내 잊겠지만, 다양한 재해는 언제 어디서든 발생한다. 그렇다고 해도 한 지역에서 매년 재해가 일어날 일은 거의 없고, 빈번하게 재해가 일어나는 것도 아니다. 그러니 '천재는 잊힐 무렵에 일어난다'[33]는 말처럼, 보통은 한 번 일어난 천재로부터 20~30년 이상 세월이 지난 후 일어난다. 따라서 그 고통이(방재를 위한 준비도) 잊힐 무렵 천재가 다시 찾아와 같은 고난과 만나고, 비슷한 피해를 보는 일이 반복된다. 만약 매년 천재가 일어난다면 늘 조심하고, 이를 위한 준비 체제에도 빈틈이 없으니 피해를 줄일 수도 있을 것이다. 태풍 같은 경우가 그 예인데, 예전처럼 피해를 보지 않게 된 원인

---

33 일본의 수필가이자 물리학자인 데라다 도라히코寺田寅彦의 말이다.

중 하나가 매년 몇 번은 찾아오는 태풍에 대비할 수 있는 체제를 갖췄기 때문이다.

그러나 지진이나 지진해일은 대체로 10년 이상의 간격을 두고 일어난다. 도쿄 주변을 피해지역으로 하는 관동지진은 지난번 대지진 후 90년 이상 지났음에도 아직 일어나지 않았다. 지난 역사에서 평균 70~80년 주기였음을 보면, 슬슬 다시 대지진이 일어날 때가 다가온다는 건 확실하다. 하지만 지난 대지진을 경험한 이들이 거의 남아있지 않아 당시 경험담이나 교훈은 잊힌 지 오래다. 물론 최근 효고 현 남부지진(1995년)[34], 니가타 현 주에쓰中越지진(2004년), 니가타 현 주에쓰오키中越沖지진(2007년), 이와테 · 미야기 내륙지진(2008년), 동일본대지진(2011년) 등 수많은 지진이 일어난 탓에 '잊어버릴' 틈조차 없었겠지만, 직접적인 당사자 외에는 그다지 기억에 남아있지 않을 수 있다. 지진의 특성상 진원지로부터 약 100킬로미터 범위에서만 흔들림을 느낄 수 있고, 그 범위를 벗어나면 어떤 피해도 보지 않기 때문이다. 지진은 거대 지진이

---

34 한신阪神 · 아와지淡路 대지진.

아닌 이상 기본적으로 로컬^{local}한 현상이다. 더욱이 소규모 지진이 빈발하더라도 건물 붕괴 같은 피해가 일어나지 않아 지진 자체에 익숙해지는 측면도 있다.

물론 최근 도시화의 급진전과 활용 기술 변화로 수십 년 전보다 도시 구조나 생활환경이 크게 달라져 과거의 교훈이 그대로 통용될 수 없어진 부분도 많다. 재해가 발생했을 때 불이 옮겨붙기 쉬운 오래된 목조가옥군木造家屋群이나 우물을 메워 수도만 쓰도록 해놓은 구조가 1923년 관동대지진 당시 피해 확대의 원인이라는 지적이 나왔지만, 현재의 도쿄가 그때와 다르지 않은 상태임에도 이 교훈이 제대로 활용되지 않는다.

더욱이 자동차가 질주하는 고속도로망, 주요 터미널까지 펼쳐진 지하도, 거미줄처럼 이어진 지하철, 30층도 넘는 고층빌딩(아파트) 단지, 한 번에 1000명 이상 실어 나르는 신칸센, 해안 매립지에 들어선 빌딩숲 등 도시 구조의 '근대화'가 진행됨으로써 혹시라도 도쿄에 직하형直下型 지진[35]이 일어난다면 막대한 수의 피해자가 속출할 것이

---

35 육지 또는 근해의 얕은 지하에 진원을 두고 발생하는 지진. 진원이 해저에 있는 해양형 지진에 대응하는 말로, 내륙형 지진이라고도 한다. ―옮긴이

다. 그런 새로운 형태의 도시재해를 아직 경험하지 못해 대처 방법을 모르는 까닭에 2차 재해가 커질 가능성도 높다. 우리 대다수가 이런 취약한 도시에 살고 있다는 점을 잊어서는 안 된다.

최근 천재의 양상도 변했다. 지구온난화가 진행됨에 따라 이른바 '기상이변'이 증가해 이로 인한 피해 또한 늘었다. 그것도 매년 같은 지역에서 일어나는데, 집중호우에 따른 산사태와 회오리바람에 의한 건물 파손 등이 극히 일부 지역에 자주 발생한다. 이는 국지적으로 발생한 적란운cumulonimbus[36]이 일으키는 현상으로, 메시(mesh, 계산을 위한 그물망)가 너무 거친 탓에 기상예보 시뮬레이션으로는 수치실험이 불가능하다. 비선형 상호작용nonlinear interaction[37]이 빈번한 복잡계complex system[38]에서 나비 효과 Butterfly effect[39]가 유발된 결과로 판단되며, 현재로서는 그

---

36 수직 방향으로 크게 발달하는 밀도가 높은 구름. 폭우, 돌풍, 번개와 같은 기상 현상을 유발한다. ─옮긴이

37 두 가지 이상의 요소가 서로 간섭함으로써 각각의 요소에 의한 결과 외 다른 결과를 초래하는 현상. ─옮긴이

38 작은 사건처럼 보이는 수많은 변수가 유기적·복합적으로 작용히여 큰 영향력을 갖는 체계. ─옮긴이

39 처음에는 나비의 날갯짓처럼 극히 작은 공기의 흔들림으로 시작했다가 주변 조건에 따라 태풍으로 발전하는 효과.

움직임이 언제, 어디서, 어느 정도까지 발전할지 예측하기 어렵다. 즉, 지구에서 돌발적으로 일어나는 국지적 변동이 어떻게 변화해갈 건지 알 수 없다. 이런 '예기치 않은 재해'가 수도 없이 일어나는 것이 오늘날의 특징이다.

이런 국지적 이상 현상에 현대의 도시 구조가 더해지면 피해가 확대되는 측면이 있다. 집중호우로 빗물이 도로에서 강으로 일제히 흘러 대번에 수위가 올라가고, 급류를 형성해 사람들이 떠내려가는 사고가 여러 번 있었다. 또 산자락이나 수로에까지 택지 개발이 확대됨에 따라 산림의 흡수력은 물론 지반이 물을 지탱하는 힘까지 약화했다. 그 결과 산사태가 발생해 택지가 파괴되면서 희생자가 나온다. 집중호우의 양이 늘어난 것도 사실이지만, 사람들의 활동과 맞물리면서 피해가 늘고 있다. 천재가 사고의 계기가 되고, 인재가 사고를 확대하며 불가피하게 '발전'시키는 것이다.

그 전형이 3·11에 일어난 원전사고다. 우선 1000년에 한 번 일어난다던 매그니튜드magnitude 9 규모의 거대 지진이 발생했고, 이로 인한 지진해일이 도호쿠 지방의 해안가로 들이닥쳤다. 869년에 일어난 '죠간貞観의 산리쿠오키三陸沖 지진'(매그니튜드 8.4였던 것으로 어림된다) 이후 최대의 지진·지진해일 규모다. 퇴적물 조사 등에 따르면 죠간 지진 당시 쓰나미가 내륙 깊숙이 밀려온 것으로 추정되는데, 이런 재해가 다시 일어난 것이다. 이처럼 실제로 1000년에 한 번꼴로 일어나는 거대 지진의 기억을 보전하기란 사실상 불가능하다.

하지만 과거의 역사를 통해 배울 수 있는 건 많다. 예를 들어 직하형 지진이 아닌 경우는 지진동 자체에 의한 사망자(건물이나 돌기둥이 무너지면서 압사하거나 화재 등으로 희생된 경우)가 비교적 적고, 지진해일에 의한 희생자가 압도적으로 많다. 높이 50센티미터의 지진해일도 사람을 꼼짝 못 하게 할 수 있다는 말에서도 알 수 있듯, 제아무리 규모가 작은 지진해일이라도 무시할 수 없다. 하물며 높이 15미터 정도의 대형 지진해일까지는 아니더라도 몇 미터 높이의 지진해일은 비교적 빈번하게 발생했다. 실제 대형 지진해일로 기록된 것만 보더라도 2003년 도카쓰오키十勝沖 지진(지진해일 높이 4미터), 1968년 가쓰오키勝沖 지진(3~5미터), 1960년 칠레지진 당시 지진해일(5~6미터), 1946년 난카이南海 지진(4~6미터), 1944년 도난카이東

南海 지진(6~8미터), 1933년 쇼와昭和 산리쿠오키 지진(최대 28.7미터), 1896년 메이지 산리쿠오키 지진(15~38미터) 등이 있다.

즉, 희생자가 많은 지진해일이 수십 년에 한 번은 일어나고, 그 정도라면 경계심을 늦추지 않을 수 있는 시간이므로 확실히 기억을 이어가기만 하면 피해를 줄일 수 있다. 실제 3·11 당시에도 '알아서들 하라(지진해일이 일어날 가능성이 있을 때는 처음부터 알아서 도망쳐라)'는 말이 전해짐으로써 목숨을 건진 예가 많다. 천재의 피해를 줄이는(재해를 감소시키기는) 데 중요한 교훈은 선조로부터 전승되는 경험칙経験則[40]이며, 이를 어떻게든 늘리는 게 중요하다.

물론 지진해일을 막고 강도를 낮추기 위해 방조제가 유효하다는 데는 의심의 여지가 없다. 하지만 이는 기술의 힘으로 자연에 대항하는 방법이므로 당연히 한계가 있다. 다시 말해, 방조제가 있으니 안전하다고 여겨 대피하지 않는다면 피해가 더욱 확대될 수 있다는 것이다. 이

---

40 경험을 통해 터득한 법칙. ─옮긴이

와테 현 미야코宮古 시 인근 다로田老 지구는 리아스식 해안rias coast[41]의 전형으로, 육지 쪽으로 만이 깊숙이 들어와 있어 배가 드나들기에 무척 좋다. 그러나 태평양에 지진 해일이 발생하면 해안 쪽으로 밀려와 내해內海로 들어가며 만 자체가 가늘어지므로 지진해일이 수습되면서 파고가 급상승해 많은 피해가 발생했다. 그래서 만을 마주보는 형태로 높이 10미터의 방조제를 건설했다. 2.5킬로미터나 길게 이어진 방조제는 '만리장성'이라 불린다.

3·11 원전사고 당시 많은 사람이 3~6미터 정도 높이의 지진해일이 밀려온다는 경보를 듣고, 방조제에 올라가 바다를 바라보고 있었다. 하지만 막상 밀려온 것은 방조제 높이를 훨씬 웃도는 대형 지진해일이었기에, 방조제에 올라갔던 사람들은 한 명도 남김없이 휩쓸려버렸다. 기술은 우리를 안전하게 해주기도 하지만, 100% 의지하면 오히려 위험하다는 것을 3·11 사고가 잘 보여준다.

후쿠시마원전 사고는 천재가 사고의 원인이 되고, 인

---

41 습곡 산맥이 바닷속으로 가라앉을 때 흔히 보이는 지형으로, 굴곡이 많은 복잡한 해안선을 말한다. ─옮긴이

재가 사고를 확대한 전형적인 예다. 일단 예기치 않은 대형 지진해일이 방조제를 넘어 철탑을 쓰러뜨리면서 외부 전원을 두절상태로 만들었다. 여기까지는 명확한 천재의 영역이다. 뒤이어 자가발전용의 보조엔진이 수몰되면서 원자로에 냉각수 공급이 불가능해진 것이 중대사고의 발단이었다.

지진의 충격으로 제어봉(중성자를 흡수해 반응을 억제하는 봉)이 삽입되면서 원자로는 핵반응을 멈췄다. 하지만 그러한 반응으로 만들어진 불안정한 원소가 붕괴를 계속하며 다량의 열을 방출하기 때문에 늘 원자로 내에 냉각수를 공급해 열을 식혀주지 않으면 안 된다. 그런데 물을 옮기기 위한 모터에 전기가 공급되지 못하니 냉각수 공급 자체가 중단된 것이다. 따라서 원자로 내 온도가 우라늄 연료체를 녹일 정도로 상승했다. 압력용기의 멜트다운이 시작된 것이다. 원래 우라늄 연료체는 지르코늄으로 된 피복재에 둘러싸여 있다. 하지만 고온상태가 된 지르코늄이 녹으면서 수소가 발생했고, 건물 안에 축적된 끝에 인화해 수소 폭발을 일으켜 건물을 파괴했다. 또, 멜트다운된 우라늄 연료체는 용융물이 되어 압력용기 바

닥에 쌓였고, 여기에 구멍이 뚫리면서[42] 다시 격납용기로 유출됐다. 그리고 이 격납용기도 일부 파괴되면서 방사능이 외부로 방출됐다. 3·11사고 당시 '반응 중지'·'냉각'·'폐쇄' 등 3개 요체 가운데 반응을 중지시키는 데는 성공했지만, 냉각과 억제 등은 실패로 끝났다.

일련의 경과를 볼 때, 사고의 최대 원인은 전원이 상실돼 냉각수 공급이 불가능해진 상황에 더해 만연해 있던 몇 가지 부실이라는 인재가 겹친 것이다. 여기에 인재로 사고가 확대된 상황을 추정하면 다음과 같다.

첫째, 3·11사고가 일어나기 몇 년 전 원자력안전·보안위원회가 지진해일 대책으로 도쿄전력에 방조제를 높이도록 권고했음에도 도쿄전력은 공사를 진행하지 않았다. 도쿄전력은 그렇게 큰 지진해일이 발생하지는 않을 거라는 생각에 비용이 아까워 공사 집행을 뒤로 미뤘다. 소탐대실의 전형이다.

둘째, 외부전원인 철탑이 지진해일의 압력에 넘어질 수 있는 장소에 노출되어 있고, 보조엔진도 지하에 배치

---

42 이 현상을 멜트스루melt-through라 한다. ─옮긴이

된 탓에 수몰로 움직일 수 없게 되었다(스스로 전기를 생산하는 발전소에 외부로부터의 전기가 필요하다는 것 자체가 아이러니하지만, 요지는 그 외부전원이 시설 전체를 제어해 원전이 원활하게 움직인다는 것이다). 원전을 움직이기 위해서는 외부전원을 확보해야 하므로, 이를테면 근처 화력발전소에서 지하에 매설된 전용가선을 끌어놓는 정도의 준비가 필수였지만 그런 배려가 일절 이루어지지 않았다. 미국 원전을 직수입해 외부전원과 보조엔진 배치 등을 지진이나 지진해일 걱정 없는 미국과 똑같이 하다 보니 일본 상황에 맞춰 안전하게 개조한다는 발상 자체를 하지 못했다. 턴키계약의 폐해가 고스란히 드러난 것이다.

셋째, 냉각수가 공급되지 않아 현장에서 해수를 주입하려 했지만, 도쿄전력 수뇌부가 불순물이 많은 해수가 원자로를 오염시켜 재사용하지 못할 것을 우려해 처음부터 해수 주입을 허가하지 않았다. 그러는 사이 원자로 파괴가 진행되어 많은 양의 방사능이 외부로 유출됐다. 결국, 현장의 독자적 판단에 따라 해수를 주입함으로써 원

자로 폭발은 면했다.[43]

넷째, 원자로에서 방사능이 얼마나 유출됐는지 도쿄
전력이 공표하지 않은 탓에 문부과학성에서 개발한 대기
중 방사성물질의 움직임을 계산하는 SPEEDI의 정밀도가
떨어져 모처럼 산출한 계산 결과를 유효하게 활용할 수
없었다. 아울러 미군에게는 데이터를 제공하면서도 국
민에게는 공표하지 않은 문부과학성의 대응도 큰 문제였
다. 이로 인해 많은 사람이 방사능이 흘러간 방향으로 대
피하는 상황이 벌어졌다.

이렇게 인재가 꼬리에 꼬리를 물고 이어짐으로써 오염
수 처리 문제까지 현재 진행 중이다. 원래 후쿠시마원전
은 지하수가 많은 지반 위에 세워진 까닭에 오염수 유출
이 일어날 경우 문제가 심각해진다는 지적이 입지 단계
에서부터 나왔다. 그러나 일체의 불상사가 일어나지 않
을 거라는 안전신화에 사로잡혀 필요한 수단을 마련하지
못했다. 인재가 사고를 확대한 것이 분명하다.

한편, '천재가 진정한 원인이며, 인재는 그것을 확대한

---

43 압력용기에 달린 작은 뚜껑을 열어 고온의 증기를 원자로에서 대기 중으로 방출하
는 벤트vent 작업도 늦게 이루어졌다.

것에 불과하고 상정외의 천재가 아니었다면 사고는 일어날 수 없었으니 어쩔 수 없다'는 주장도 있다. 천재로 인한 사고라 할지라도 피해 규모가 커지지 않는 선에서 넘어갈 수 있다면 상관없겠지만, 인재가 천재의 피해를 몇 배로 확대했기에 어쩔 수 없었다는 말로 넘어가선 안 된다. 인재는 적확한 판단과 대책으로 방지할 수 있다. 그리고 인재의 요소를 줄이다보면 천재가 상정외의 차원으로까지 확대될 가능성도 점차 사라진다. 어떤 일이 일어날지 예상해 손을 쓰는 습관이 자리 잡아 천재 또한 야기되지 않기 때문이다. 후쿠시마원전 사고의 경우에도 애초에 원전 주변의 방조제를 제대로 건설했더라면 외부전원 상실이라는 문제는 일어나지 않았을 것이다.

지진해일로 해안가가 송두리째 파괴된 것을 교훈으로 거대한 방조제를 건조하고, 바다에서 가까운 장소는 상업지로 설정하며, 고지대에는 주택지를 두는 도시구조 시책이 나오고 있다. 아직 대규모 지진해일의 기억이 선명하기에 이런 도시설계가 지지를 받지만, 시간이 흐르면 또 어떤 변화가 일어날까. 고지대의 집에서 해안을 오가는 시간이 아깝다는 말이 나올지도 모른다. 다시 '잊힐

무렵'에 다다를 것인가, 아니면 지역 구조를 통해 지진재
해의 기억을 전승하며 '방재 · 피해 최소화'의 정신을 이
어갈 것인가. 물론 우리에게는 후자가 바람직하다.

2. 원전을 멈추지 못하는 이유

원전이 중대사고를 일으켰음에도 전력회사(일본원전 포
함) 등 모두가 원전 유지 · 추진 노선을 포기하지 않는 이
유는 무엇일까?

첫째, 원전은 건설 초기 투자가 큰 데다 건설 이후 가
동률도 그리 높지 않아 오랫동안 가동해 투자를 회수해
야 하기 때문이다. 폐로 전까지 40년간(전력회사는 50년 이
상을 생각하지만) 원전을 가동해 이익을 짜내려는 것이다.
이는 방사능 폐기물이 누적되는데도 처리 부분은 죄다
뒤로 미루는 무책임한 태도다.

둘째, 만약 사고가 일어나도 정부가 전력회사를 압박
하지 않고 배상비나 제염비용 등 사고에 따른 비용을 떠
맡아주기 때문이다. 이는 도쿄전력 사례에서도 알 수 있

는데, 전력회사는 사고로 폐업할 걱정이 없으므로 강경한 자세로 원전 노선을 답습한다. 실제로 2014년 4월 국무회의에서 '에너지기본계획'이 결정됐는데, 여기서도 원전은 '기저부하base load 전원'으로서의 위치를 점하는 가운데 '만약 사고가 일어났을 경우 정부는 관계법령에 근거해 책임지고 대처한다'라고 규정되어 있다. 즉, 전력회사는 사고 비용을 신경 쓰지 않고 오로지 원전 가동에만 매진할 수 있다.

셋째, 전력회사가 원전 추진을 위해 구축해 온 여러 시스템(원전마피아, 원전 입지 지자체, 하청시스템, 문화대책 등)을 보존·활용하기 때문이다. 원전을 중지하려면, 특히 입지 지자체에서 대량의 실업자가 발생해 민원과 불만이 터져 나오는 걸 각오해야 한다. 이를 피하려면 원전 운전을 계속해야만 한다. 말 그대로 '개'가 '꼬리'를 흔드는 게 아니라 '꼬리'가 '개'를 흔드는 격(주객전도)인데, 눈앞의 얼마 안 되는 돈에 집착하다 대실패를 경험하는 예다.

넷째, 원전 관련 시설(재처리공장, 우라늄 농축공장, 방사성 폐기물 중간저장시설 등)이 집중된 아오모리 현이 원전을 정지한다면 방사성 폐기물을 떠맡지 않음은 물론, 더 나아가 지금까지 보관하던 것들도 반환하겠다며 위협한다는 것이다. 그간 각지의 원전에서 발생한 방사성 폐기물은 재처리를 위해 아오모리 현으로 옮겨졌기 때문에 원전 내부에는 비교적 새로운 폐기물들이 저장될 수 있었다. 하지만 아오모리 현도 이미 포화상태여서 방사성 폐기물의 처치 문제가 수면 위로 떠오르고 있다. 그간 간신히 버텨온 방사성 폐기물 문제가 한계에 봉착하면서 원전 내부에 쌓인 '핵 쓰레기'가 흘러넘칠지도 모른다는 위협이 제기되고 있다.

이처럼 전력회사는 여러 측면에서 원전을 멈추고 싶어도 멈출 수 없는 상태에 내몰려 있다. 특히 방사성 폐기물의 최종 처분 대책이 요원해짐에 따라 사용 후 핵연료 처리 문제가 막다른 길에 도달할 것이 확실하다. 정부도, 전력회사도, 아오모리 현도, 노선을 전환하지 못한 채 모든 상황을 대강 얼버무리는 현실이다.

한편, 모든 원전이 멈춘 채 1년 이상 지난 시점에서 원전을 재가동시키기 위해 전력회사는 여러 대책을 마련한다. 첫 번째는, 원전이 가동되지 않으니 실제로 전력을 구입하지도 않으면서 전력회사가 일본 원자력발전회사

(일본원전)에 전기료를 지불한다. 즉, '원전 동료'로서 일본원전을 돕는 것이다. 또, 원전을 정지했던 만큼 화력발전으로 보충하는데, 시설을 새로 만들지 않고 노후된 화력발전소를 계속 사용하기 때문에 언제 고장으로 정지해 정전이 일어날지 모른다며 소비자들을 위협한다. 정전이라도 일어나면 탈원전을 요구하던 소비자들을 탓할 기세다. 대형 화력발전소를 건설하는 데는 시간이 걸릴지 모르지만, 태양광발전 설비나 소형 디젤발전이라면 비교적 단기간에 설치할 수 있어 주간의 전력 수요에 대응할 수 있음에도 적극적으로 이를 추진하지 않는다.

심지어 원전 정지로 확보하지 못한 전력을 화력으로 보충하기 때문에 연료비가 상승했다며 소비자들에게 전기료 인상을 압박한다. 원전에 드는 비용(각 원자력 발전소들뿐만 아니라 핵연료 사이클 등에 드는 비용도 포함해서)은 그대로 유지하면서 화력발전을 늘리니 발전 비용이 드는 건 당연하다. 그렇다 하더라도 전력회사가 말하는 비용(3.6조 엔)은 지나치게 많으며, 약세 조정 등을 거치면 절반 이하라는 추산까지 나온다.

따라서 원전을 아예 멈추고 핵연료 리사이클도 중지한

다면 비용을 얼마나 절약할 수 있을지 정확하게 계산해 볼 필요가 있다. 원전과 화력이라는 두 마리 토끼를 쫓으니 비용이 덤으로 들기 때문이다. 원전 재가동을 전제로 하는 전력회사의 책동은 의도적인 사보타지(sabotage, 태업)라 할 수 있다. 물론 그 배경엔 원전을 추진하면서 재생가능 에너지 이용은 뒤로 미루는 정부 정책이 있다. 따라서 전력회사는 정부가 용인했다고 생각하는 것이다.

사보타지의 예로는, 최근 발전차액지원제도(Feed in Tariff, FIT)[44] 조항의 '송전선이 포화상태가 될 가능성이 있어 정전을 일으킬지 모른다'라는 부분을 이유로 전력회사가 재생가능 에너지 매입을 거부한 것이 대표적이다. 이에 따라 모처럼 도입한 FIT를 활용하지 못하고 있다. 이는 송전망을 독점하는 전력회사가 의도적으로 송전선을 늘리거나 두께를 굵게 만들어 재생가능 에너지를 사용하지 못하게 하기 때문이다. 전력회사 개혁의 일환인 발·송전 분리는 2020년으로 예정되어 있지만, 이런 상태라면 전망은 불투명하다. 따라서 전력회사와 유착한

---

44 신재생 에너지원으로 생산한 전력 가격과 기성 에너지원으로 생산한 전력 생산단가 차액을 정부가 보상해주는 제도. - 옮긴이

정치가와 경제 관료의 움직임을 감시할 필요가 있다.

3. 에너지기본계획

2014년 4월 경제산업성 자원에너지청의 종합에너지조사회가 책정한 '제4차 에너지기본계획(이하 '기본계획')'이 국무회의에서 결정됐다. 에너지 수급 장기계획은 일찍이 1965년부터 책정됐으며, 에너지정책기본법은 2002년 에너지 안정공급 확보(에너지 안보)와 환경 적합성을 시장원리보다 상위에 위치시켰다. 그러다가 이번 기본계획에 이르러 경제성이 최우선으로 고려되고, 환경부가성이 완전히 무시됐다 해도 과언이 아니다. 그리고 '에너지 수급 구조의 안정성에 기여하는 중요한 전원'으로서 원자력에너지를 '기저부하 전원'에 위치시켰다. 이는 원전을 나라의 주요한 에너지원으로 자리매김한다는 뜻을 명확히 한 것이다. 한편, 환경부가성을 고려해 재생가능 에너지를 평가하고 적극적으로 이용하는 방침은 거들떠보지 않는다. 그러니 '에너지기본계획'이 아니라 근시안적 '에너지

당면계획'이라 불러야 한다.

'기본계획'에서는 에너지 정책의 요체로 일단 안전성 safety을 전제하고, 안정공급energy security, 경제적 효율성 economic efficiency, 환경적합성environment의 '3E' 충족을 기본조 건으로 설정한다. 에너지원인 전원으로 열거된 것은 다 음 세 가지다.

① 기저부하 전원 : 발전 비용이 싸고, 주야 상관없이 지속해서 가동할 수 있는 지열, 수력(상류에 물을 가뒀 다가 수문을 열고 하류로 떨어뜨려 터빈을 돌리는 댐식), 원 자력, 석탄.

② 중간부하 전원 : 발전 비용이 기저부하 전원 다음으 로 싸고, 전력 수요 동향에 따라 출력을 기동적으로 조정할 수 있다. 천연가스.

③ 피크(부하) 전원 : 발전 비용이 비싸지만, 전력 수요 동향에 따라 출력을 기능적으로 조절할 수 있다. 석 유, 양수식 발전.

'기본계획'에는 경제성과 안정공급성(출력의 지속성 · 기

동성)에 관한 내용밖에 없는데, 이는 환경적합성을 완전히 무시하는 것이다. 비용에 관한 언급이 계속 나오는 걸 보면, 결국 가격이 싼지 아닌지가 분류 기준이다. 이 세 가지 분류 내용을 검토해보자.

기본적으로 전기를 공급하는 건 기저부하(기간) 전원으로, 총발전량의 70%를 정상적으로 공급하는 주요 전원이라 추측된다. 기저부하 전원으로는 지열, 수력, 원자력, 석탄이 꼽히는데, 우선 그 나열방식이 너무나 고식적이다. 지열발전은 아직 개발 단계인 데다 자연에너지 이용이라는 이미지를 부각하기 위해서인지 의식적으로 가장 먼저 언급된다. 지열발전은 일단 개발되면 열원 가격이 무료이므로 안정적인 공급이 가능할 것으로 평가되지만, 아직 총발전량의 1%에도 미치지 못하는 단계로 당장 기저부하로의 전원 설정이 도저히 불가능하다. 재생가능에너지를 완전히 무시할 수 없어 포함시켰을 뿐이다. 또, 댐식 수력발전의 경우 이미 개발 후 최대한 사용하고 있기 때문에 이미 새로운 가능성을 찾아내기 힘든 데도 두 번째로 언급된다. 지열이든 수력이든 주요 기저부하 전원이 될 수 없다는 건 누구나 아는 사실이다. 다음으로,

서서히 원자력을 부각하다가 마지막으로 석탄 화력을 언급한다. 이 두 가지를 기저부하 전원의 중심에 세우는 것이 원래 목적이겠지만, 그 표현 방식을 고식적으로 궁리한다는 점에 주의해야 한다.

즉, 당장은 가장 손쉽고 싼 석탄 화력에 집중하고 싶지만, 다량의 온실가스를 배출하므로 국제적 비판을 면할 수 없어 온실가스 배출이 적은 원전을 차선책으로 거론하는 것이다. 실제 3·11사고 이전에도 원전이 부담하던 발전량은 총발전량의 30% 이하로 1위가 아니었다. 그래서 지금까지와 마찬가지로 2위의 위치에서 원전 비중을 높여가려는 속셈이었다. 하지만 폐로 비용이나 방사능 폐기물의 장기관리 비용, 사고가 일어날 경우 필요한 보상 비용 등을 계산하면 원전이 싸게 먹힌다는 말은 '신화'에 다름없다는 사실이 서서히 드러났다. 그런 맥락에서 저렴함에선 석탄에 밀리지만, 지구온난화 대책에선 원자력이 위라는 점을 아무렇지 않게 보여주면서 지지를 얻으려 한 것이다.

환경을 전원 선택의 제1 기준으로 삼는다면 일단 천연가스 발전을 기저부하 전원에 위치시켜야 한다. 석탄보다 가격은 비싸지만 환경부가성 면에서 뛰어나기 때문이다(원전은 논외). 그리고 석탄, 석유 등과 더불어 재생가능에너지 비율을 서서히(한해에 1%라도) 늘려 베스트믹스best mix를 진행하는 방책을 고려하는 것이 진정한 의미에서의 '기본계획'이다.

'중간부하 전원'이란 주간과 야간의 차이(생산과 생활의 활동이 집중되는 주간이 야간보다 전력소비가 많다)와 계절별 차이(하계 주간과 동계 야간에는 에어컨·난방기 사용으로 전력소비가 증가한다)를 조절하는 전원으로 총발전량의 20% 정도만 맡는다. 이를 위해 석탄을 사용할 수도 있지 않을까? 석탄은 저렴하지만 환경부가성 때문에 서서히 의존도를 줄이는 전원이라는 관점을 내세워야 하기 때문이다.

'피크(부하) 전원'은 전력사용이 집중되는 하계나 동계의 하루 시간대에 따라 소비량에 큰 변동이 일어나는 것을 조절하는 전원으로, 그 후보로 (총발전량의 10% 정도지만) 석유발전과 양수발전을 들 수 있다. 이 중 양수발전은 원전 사용을 전제한다는 점에 주의해야 한다. 일반적으로 밤에는 전력 수요가 줄지만, 원전은 출력을 낮출 수 없으므로 전기가 남아돈다. 이에 남은 전기를 사용해 야간에 물을 산 위로 끌어올렸다가(양수), 주간에 산 밑으로 흘러보내 발전을 하는 것이다. 이렇듯 출력 전환이 비교적 쉽고 천연가스를 이용하는 가스터빈 발전이라면 에너지 손실이 많은 양수발전을 할 필요가 없다. 또, 발전사용이 피크에 달할 때는 석유발전을 통해 보충하는 정도로 끝낼 수도 있다.

FIT가 도입되어 재생가능 에너지(특히 태양광발전인 메가솔라)가 개발되면서 단 2년 안에 원전 3기분의 전기가 생산되어 총발전량의 0.3%(30억 킬로와트시)를 점할 것이라는 전망이 나왔다. 앞으로도 이런 추세로 확대된다면, 하계 주간은 태양광발전, 동계 야간은 풍력발전이 결정적으로 기여할 것이라는 기대가 확실시된다. 따라서 적어도 태양광발전과 풍력발전의 가능성을 중간부하 전원(혹은 최소한 피크(부하) 전원)으로 확실히 자리매김해야 한다. 그에 따라 재생가능 에너지의 중요성이 가시화되어 개발 의욕이 강해지는 효과도 거둘 수 있다.

적어도 '에너지기본계획'이라 부르려면, 향후 10년간 커다란 진전을 이룰 수 있는 계획을 제시하며 일본 에너지정책의 기본방향을 밝힐 수 있어야 한다. 이를 위해

'모더레이트(moderate, 조정) 전원'으로 태양광과 풍력발전 등의 재생가능 에너지를 활용함으로써 물을 전기분해하여 수소를 생성하고 연료전지에 사용한다는 방침을 제안한다. 이곳저곳에 수소 파워스테이션power station이 설치되면서 연료전지가 보급되고, 이것이 다시 전기자동차에 사용되는 등 정상전력원定常電力源으로써의 사용가능성이 높아지고 있다. 이처럼 발전소가 필요 없는 '독립 전원'에 대한 내용도 기본계획에 포함해야 한다. 이러한 추세에 따라 미래에는 전력선이 아니라 연료전지로 전력을 공급하는 사회가 출현할 것이다.

4. 전기요금의 속임수

이러한 혁신적 사업에는 손대지 않고 오로지 발전과 배전을 독점해 연명하려는 전력회사를 하루빨리 개혁해야 한다. 전력회사가 개혁하지 않아도 살아남을 수 있다고 생각하는 이유는 전력요금의 결정·징수 방식에 속임수가 있기 때문이다.

—

내가 거주하는 교토는 간사이전력 관할인데, 매월 미터기 검침 후 검침원이 사용전력량과 청구액이 적힌 '전기 사용량 통지'를 준다(아울러 태양광발전에 대해서도 '수급전력량 통지'가 오는데, 실제로 간사이전력에 공급한 전력량과 요금단가·매입요금 등이 표시되어 있다). 우리 집은 절전과 태양광발전 덕에 전기사용량이 적어 300킬로와트시 정도의 전기를 매입하는데(에어컨을 쓰는 여름과 적외선 히터를 쓰는 겨울에는 400킬로와트시로 늘리고, 봄가을에는 250킬로와트시로 줄인다), 거꾸로 태양열발전으로 생긴 잉여분을 매월 150킬로와트시 정도 전력회사에 팔기도 한다. 이렇듯 봄가을에는 전기를 파는 비율이, 여름·겨울에는 전기를 사는 비율이 더 높지만, 1년 평균을 내보면 전기를 파는 비율이 사는 비율보다 약간 높다. 태양광발전 덕에 전력을 덜 소비하는 것은 물론, 오히려 간사이전력과의 사이에서 수지를 맞추려는 입장이다 보니 지구온난화나 원전 문제에도 좀 더 적극적으로 발언할 수 있다는 기분이 든다.

전력요금만 보면, 우리 집은 벌이가 꽤 좋은 편이다. 전력을 구입할 때 가격은 1킬로와트시당 25엔인데 반해, 태양광발전으로 생긴 잉여분은 1킬로와트시당 36엔에 팔 수 있다. 이는 뒤에서 언급하게 될 '태양광 촉진 부가금(태양광발전을 보급하기 위한 보조금)' 때문인데, 이로써 약 10년 후 태양광발전을 위해 쓴 초기 투자비용을 회수할 수 있었다. 상황이 이렇다 보니 기업도 메가솔라 사업에 진출하고 있다. 간단하게 계산하면, 1메가와트(1000킬로와트)의 발전 설비에 약 3억 엔을 들여(1킬로와트당 비용을 30만 엔 정도로 계산해서) 연간 거의 100만 킬로와트시의 전기를 생산할 수 있다(교토에서의 실적을 보면 1킬로와트의 태양광 설비로 1년간 합계 1000킬로와트시의 전기를 생산한다). 1킬로와트시당 36엔 기준으로 거래할 경우 총 3600만 엔의 수입을 올릴 수 있어 9년이면 초기 투자비용이 회수된다. 현재 태양광발전 설비 보증기간이 20년이므로, 일단 투자비용을 회수한 뒤 나머지 10년간은 순수하게 이익을 볼 수 있다. 우리 집은 16년 전 3.5킬로와트 용량의 태양광발전 설비를 약 200만 엔에 샀다. 연간 발전량 3500킬로와트시로 12만 6000엔 어치(1킬로와트시를 36엔으로 해서)의 전기를 생산하므로 대략 16년이면 설비비를 회수할 수 있다(메가솔라의 경우 가정용보다 설비가 간단해 설비비용이 저렴하다 보니 태양광 패널을 많이 사고, 할인을 받아 초기 투자 비용 또한 더 싸다).

태양광 이야기는 이쯤 해 두고, 전력회사의 전기료 징수 이야기로 넘어가 보자. 앞서 나는 1킬로와트시의 전력 구매에 25엔을 지급한다고 했다. 여기에는 발전 비용 이외의 비용이 더해져 지급이 강제되는 항목이 있다. 이를 '사회적 비용'이라 하는데, '통지'에는 거의 나오지 않으므로 우리는 그 비중이 얼마인지 모른다. 자세한 내용을 알아보면,[45] 일단 원전의 입지대책비와 기술개발비가 포함되어 있다. 우리도 모르는 사이에 원전에 협력하는 것이다. 실로 교묘한 착취와 속임수의 테크닉이 활용된다.

우선 '통지'를 살펴보자. 천연가스 등의 수입대금 변동을 요금에 반영한 '연료비 조정액'을 빼면, 청구액에 적힌 건 '재생에너지 촉진 부가금 등(FIT 실행을 위해 포함된 금액)'과 '태양광발전 촉진 부가금' 두 종류뿐이다. 각각 '처음 15킬로와트시에 대해'와 '15킬로와트시를 넘는 1킬로와트시마다'로 부과 기준을 밝힌다. 특히 '재생에너지 촉

45 오시마 겐이치大塚耕一, 《원전은 역시 수지가 안 맞아》, 동양경제신문사.

진 부가금 등'은 이 두 가지 기준을 동시에 적용한 것으로, 다음과 같은 공식이 적용된다.

(사용전력량 − 15킬로와트시) × 0.78엔 + 11.74엔

재생가능 에너지 개발·보급 명목으로 보조금을 전기료에 붙여 징수하는데, 이는 정부가 돈을 내서 추천·장려하는 게 아니다. 한 달에 250킬로와트시를 사용한다고 가정하면, 200엔 정도를 국민이 부담한다. 굳이 '재생에너지 촉진 부가금'을 전기요금 청구서에 명시하는 이유는 일반가정이 '우리 집은 태양광 설비를 설치하지도 않았는데, 왜 설치한 집의 비용까지 부담하느냐'는 생각이 들게 함으로써 국민 간의 분열을 획책하려는 의도가 아닐까. 요지는 재생가능 에너지 추진에 정부·전력회사가 별로 적극적이지 않다는 말이다.

이에 반해 전기요금에 덧붙여 징수하지만 명시되지 않고 우리가 무조건 내는 항목으로 '정부 비용'과 '백엔드 back—end 비용' 등이 있는데, 대부분 원전 추진에 쓰인다.

'정책 비용'이라는 것은 '입지대책비'와 '연구개발비'로

구성된다. 즉, '입지대책비'는 이른바 '전원 3법電源三法'으로 통칭하는 수력발전·지열발전 등의 설비를 마련할 때 전원 입지 지자체에 조정비adjustment costs로 지급되는 교부금의 재원이다. 이 재원을 전력회사가 이 법률의 골격인 '전원개발촉진세법(電源開發促進稅法; 전촉세)'에 근거, 전기요금에 포함해 징수한다. 현재는 전촉세의 7할 이상이 원전 개발 관련 비용이니 원전개발세라 불러야 마땅한데, 그 총계가 무려 3000억 엔 정도에 달한다.

이것이 원전 입지에 지어주는 체육관·장례식장·초등학교 등의 '선물'이나 커뮤니티 버스·외국인 어학강사 채용 등 지자체 재원으로 해야 할 사업의 보조금으로 사용됐다. 이를테면 지자체에 돈을 뿌려 원전 건설을 납득시키는 노골적인 수법이다. 원전을 설치하는 지자체도 이에 길들어 자비로 정비해야 할 시설도 전력회사에 졸라 건설하는 일을 아무렇지 않게 벌인다. 지자체 재정은 일단은 유복해져서 규모가 팽창하지만, 수입이 늘어난 만큼 '선물'로 지어준 시설 유지비 등의 지출 또한 늘어난다. 하지만 시간이 흐를수록 교부금은 줄어들 수밖에 없다. 애초에 '개발 촉진'이 목적이었으니 개발 후 목적이

달성되면 당연히 교부금도 줄어든다. 또, 원전 시설에 부과하는 고정자산세는 지방세이므로 지자체가 징수할 수 있지만, 해를 거듭할수록 이 또한 감소하므로 지자체 재정은 점점 어려워진다. 그러니 지자체는 한 번 맛본 풍요를 잊지 못하고(원래의 곤궁한 상태로 돌아가지 못해), 수입을 유지하기 위해 원전 증설을 요청(유치)해 다시 보조금과 고정자산세 확보에 나선다. 원전은 한 번 맛보면 멈출 수 없는 '마약'과도 같다.

또 하나의 정책 비용인 '연구개발비'는 고속증식로 '몬주' 개발비 등 핵연료 사이클과 관련된 비용과 재처리 기술 개발을 위해 쓰인다. '몬주'는 1995년 나트륨 유출사고를 일으키면서 가동을 멈춘 이래 원자력규제위원회로부터 1000건도 넘는 개선 권고가 내려진 상태다. 휴지상태임에도 불구하고 '몬주'는 매년 200억 엔이나 되는 예산을 쓰고 있으며, 지금껏 투여된 금액이 1조 엔이나 된다. 실로 아무짝에도 쓸모없는 돈 잔치를 하는 셈인데, 1킬로와트시당 0.375엔씩 거둬들이는 전촉세로 충당한다. 이 연구개발비만으로 우리는 한 해 약 2000억 엔 정도를 부담한다.

또, '백엔드 비용'의 최대 출처는 재처리공장 설립 등 가동을 위해 소요되는 금액이다. 아오모리 현 롯카쇼무라六ヶ所村의 재처리공장은 1989년 사업지정을 신청했지만, 19회나 사업 개시가 연기돼 지금까지 3조 엔 이상의 비용을 지출하고도 아직 가동되지 않는다(2015년 준공될 예정이었으나 다시 연기됐다). 최종 사업비 총계는 어림잡아 18조 8000억 엔 정도지만, 그나마 그 정도에서 완벽하게 수습될지도 불투명하다. 앞서 언급한 '몬주'와 더불어 재처리공장은 핵연료 사이클 노선을 내버리면 훨씬 부담을 줄일 수 있지만, 결단을 내리지 못한 채 지지부진한 상황이다.

그 외에 열화우라늄depleted uranium 저장 비용, 사용 후 핵연료와 방사성 폐기물 처분 비용, 폐로 비용 등도 '백엔드 비용'에 포함된다. 이는 모두 원전의 연료 제작과 최종 처분을 위한 비용이므로 발전 사업을 위한 필요경비로 전력회사가 지급해야 한다. 그런데도 이를 소비자에게 징수하는 것은 도저히 이해하기 힘들다. 일본 전역의 9개 전력회사는 연간 2500억 엔을 백엔드 비용으로 징수한다.

정부 비용과 백앤드 비용을 모두 합치면 7500억 엔인데, 연간 전력 수요가 거의 1조 킬로와트시이므로 1킬로와트시당 0.75엔이 부과된다. 전기요금이 1킬로와트시에 평균 25엔이므로 약 3%에 해당하는 금액이다. 각 가정을 기준으로 하면, 한 달에 200엔 정도로 그리 큰 금액이 아닐지 모르지만, '티끌 모아 태산'이니 결국에는 막대한 재원이 되어 원전 추진에 사용된다는 점을 망각해선 안 된다. 이런 비용들을 합산하고 여기에 3%를 곱한 금액이 전력회사의 수익으로 보장된다(총괄원가방식). 그야말로 소비자를 우롱하는 것이다.

5. 어용학자와 원전 수출

원전의 안전신화가 퍼진 것은 '원전이익공동체'라 불리는 원전마피아(정치가, 관료, 원자력 전문가, 전력업계, 언론)가 일치협력해 원자력이 안전하고 저렴하며 지구환경에도 좋다고 선전해왔기 때문이라고 앞서 밝힌 바 있다. 여기서는 어용학자 중심인 소위 '원자력 전문가'들을 비판하려 한다.

어용학자란 '학문적 절개와 지조를 지키지 않고 권력에 영합·추수하는 학자'를 가리키는 말이라고 《고지엔広辞苑》 일본어 사전에 나온다. 일반적으로 정부의 자문기관이나 전문가회의 위원으로, 관료가 쓴 시나리오를 그대로 추인하고 자문·보증·뒷받침하는 임무를 수행한다. 요컨대 어떤 부분에서 행정이 실패할 경우 관료들이 책임추궁을 받지 않도록 전문가를 '투명 망토'로 이용한다. 물론 전문가가 대신 책임지는 것도 아니다. 전문가는 그저 'OK라고 자문했지만 실행한 건 행정관이므로 우리는 책임이 없다'고 말할 뿐이다. 이렇게 누구도 책임지지 않는 시스템이 유지된다.

현재 어용학자는 정부 기관의 대표로서 정부를 대변하고, 정부(와 기업)의 호소를 받아 정부(와 기업) 편 증인이 된다. 또한, 정부(와 기업)의 설명회 등에서 학문적 경험자로서 정부(와 기업)를 두둔하는 등 폭넓은 역할을 한다. 보통 사람들은 대학교수·명예교수·박사 같은 타이틀에 약하다(유명대학일 경우 더 그렇다). '나름의 사회적 지위를 가진 사람의 말이니 틀림없겠지'하며 믿어버리는 경향이 있기 때문이다. 최근 들어 사람들을 움직이는 데 연예인이 더 효과적이라는 말도 나오지만, 과학기술과 관련해서는 역시 그 방면의 전문가인 학자라는 간판이 결정적이다. 이렇듯 전문가라는 '권위'를 활용해 정부(와 기업) 등을 유리하게 하는 학자를 '어용학자'라 부른다. 정부는 일단 어용학자의 리스트를 확보해 그 안에서 교대로 심의위원을 임명하고, 정부에 충실한 학자를 상부회의 위원으로 위촉하는 수법을 구사한다. 어용학자는 그 '명예'로 이곳저곳을 기웃거린다(실제 '어용'에 대한 정부의 사례는 그리 많지 않기에 스스로 '명예'라 생각하지 않으면 할 수 없는 일이기도 하다).

한발 더 나아가 최근에는 정부라는 권력뿐만 아니라 기업(또는 업계)의 '어용'이 되는 학자도 늘어나고 있다. 이 경우는 실익이 많아 개인의 이익과 명예 모두를 충족할 수 있다. 이런 '어용'학자들에게 기업(또는 업계)이 강연을 의뢰하고, 아무것도 아닌 이야기에 회당 50만 엔 이상의 사례를 한다. 이렇게 함으로써 기업(또는 업계)을 비판하기 어렵게(또는 칭찬하게) 만드는 것이 기업의 목적이다. 이에 따라 기업(또는 업계)으로부터 신용도가 올라가면 고

문으로 추천받아 어느새 기업을 대변하는 역할을 하게
된다. 그러고 나면 기업(또는 업계)은 '연구보조비', '장학
기여금' 등의 명목으로 그들의 연구실에 상당한 금액을
기부한다. 이를테면 수백만 엔이라도 경상 기부를 하면
그들은 고마워하며 기업(또는 업계)에 열심히 협력한다.

이 같은 과정을 거쳐 전문가들은 어용학자가 된다. 어
용학자의 조건은 기업으로부터 기부금을 받은 게 공식화
돼도 '나는 객관적·중립적 입장에서 비판한다'며 뻔뻔
하게 말할 수 있어야 하는 것이다. 또한, 심의 등을 할 때
반대 입장에 선 사람들의 힐난을 받더라도 '그것은 내 전
문 분야가 아니다', '이미 밝혀진 이야기이므로 오히려 문
제 삼는 게 이상하다'며 아무렇지 않게 빠져나가는 자질
도 요구된다. 여기에 '정부(또는 기업)를 위해 힘쓰는 것이
나의 본분이며, 불만이 있는 국민을 교화한다'는 신념의
소유자라면 어용학자로 더할 나위 없다.

특별히 어용학자가 많이 배출되는 분야가 존재할 수
있다. 이를테면 학문적 수준이 세계 일류는 아니더라도
정부 예산이 많고, 기업·업계의 이권과 엮이기 쉬우며,
결속력이 강한 학자 집단이라는 조건들 중 하나(혹은 그

이상)를 충족하는 분야다. 세계 일류의 업적을 내는 분야는 연구 레벨을 유지하기 위해서라도 어용학자가 되어 시간 낭비할 여유가 없다. 하지만 세계의 제1선에서 밀려나 이미 따라잡기 힘든 위치의 분야라면 연구 레벨 문제는 논외다. 어떻게든 일류인 척을 하면서 정부와 기업에 자신을 팔아 예산을 따내기 위해(혹은 이권을 확보하기 위해) 움직이는 것을 우선한다. 예산(또는 이권)만 따낼 수 있다면 성장이 가능하기 때문이다.

최근에는 원자력, 보건물리학(방사선방호학), 제약과 연계된 의학 등의 분야가 어용학자의 온상이다. 특히 정부의 특별사업 예산이 편성된 지진학이나 기업의 기술 개발 전략과 엮이기 쉬운 화학 등의 분야에서 많은 어용학자가 나온다. 이러한 분야는 과학기술정책의 근간이나 예산 배분 권한을 쥔 정부의 동정과 깊은 관련이 있어 어용학자가 되어 학회의 정보원 역할을 할 수 있기 때문이다. 보건물리학은 국제원전이익공동체의 동향에 좌우되기에 자립적인 학문이라는 의식이 약하다. 또 다들 알다시피 제약과 연계된 의학자 대부분은 제약회사로부터 기부금이나 연구비를 받고 있어 여차하면 제약회사의 세일

즈맨 노릇을 하게 된다. 이러한 의학자와 제약회사의 유착구조로 머잖아 의료나 약품에 대한 신뢰가 없어지지 않을까 우려될 정도다.

원자력의 경우 영국, 미국과의 턴키 계약으로 기술이 도입됐듯이 애초에 수입학문으로 출발했다. 그렇다 보니 기술 개발도 거의 이뤄지지 않았다. 미국, 영국, 프랑스, 러시아(구소련 포함), 인도, 캐나다 등은 많든 적든 나름대로 특색 있는 원자로 개발에 도전했지만, 일본의 기술은 시종일관 미국 기술을 개량했던 것에 지나지 않는다. 거기에 원전이 국책으로 추진되어 정부를 위해 일한다는 의미를 부여하기도 했다. 그런 까닭에 내부의 원전 비판자는 차갑고 배타적인 태도에 시달리다 결국 따돌림을 당한다.

그랬던 일본의 원자력 기술이 겨우 미국과 대등한 정도로 성장한 것이 작금의 상황이지만, 정작 미국은 원전의 장래성을 이미 단념한 것처럼 보인다. 세계적으로 500기에 육박하는 원전이 이미 설치된 현실에서 지금까지 그랬던 것처럼 많은 신규 발주를 기대할 수 없기 때문이다. 그래서 웨스팅하우스(WH)는 원전 부문을 도시바에 매각하는 결단을 내릴 수 있었다. 그런 의미에서 아베 총리가 앞장서서 원전 수출에 본격적으로 뛰어드는 것은 원전 후진국인 일본의 몸부림이라고도 할 수 있다. 원전은 이미 상한점을 찍은 기술이라 아무리 노력해도 많이 팔리지 않을 테니 결국 도시바는 비싼 값을 치렀을 뿐이다.

어쨌든 어용학자의 면면과 그 분야를 살펴보고, 그들이 어떤 기대로 원전의 나팔수가 됐는지 알아보는 것도 재미있을 것이다.

6. 원전의 재가동

원자력 재가동에 관한 정부 방침은 '원전의 안전성은 원자력규제위원회의 전문적 판단에 맡기는' 한편, '원자력규제위원회로부터 세계에서 가장 엄격한 수준의 규제 기준에 적합하다고 인정받은 경우에는 그 판단을 존중해 원전을 재가동'한다는 것이다. 여기서 주의할 점이 몇 가지 있다.

원자력규제위원회는 '3조 위원회'라 불릴 만큼 내각으

로부터의 독립성이 높은 위원회로서 환경성 외국外局[46]으로 설치되어 있다. 그 위원장 및 위원은 국회의 승인이 필요하지만, 내각의 자의적 추천도 가능해서 정부와 가까운 인물이 선출될 가능성이 높다. 또, 원자력규제위원회의 사무국, 지방사무소의 사무관이나 검사관에는 문부과학성이나 경제산업성에서 파견된 인물이 많고(원자력안전·보안원의 검사관이었던 이들도 다수 포함되어 있다), 원래 근무하던 부처로 돌아가지 않는다는 원칙(노 리턴)이 깨진 지 오래라 공정하고 안전한 심사는 보증할 수 없다. 원자력 추진파였던 전문가가 규제위원으로 보내진다는 것은 주지의 사실이다. 즉, (정치적으로) 완전히 독립된 위원회가 아니다.

그리고 원자력규제위원회는 각 원전이 신청한 내용이 위원회가 작성한 새로운 규제 기준에 '적합'한지만 판단할 뿐 각 원전이 실제로 안전한지는 심사할 수 없다. 각 원전에서 시행한 시뮬레이션을 다시 진행해 확인하지도 않고, 다른 조건에서 테스트하지도 않는다. 단지 제출된

---

46 중앙 관청에 직속하면서도 독립 관청의 성격을 띤 기관. —옮긴이

결과를 보고 기준을 충족하는 답안지를 조합할 뿐이다.

더욱이 정부에서 강조하듯 그 기준이 '세계에서 가장 엄격한 수준'도 아니다. 이를테면 원자로의 내진성aseismicity을 테스트하기 위한 '기준 지진동standard earthquake ground motion'이 원전마다 정해져 있는데, 이는 원전이 이 이상의 진동을 견디지 못한다는 상한선으로, 각 전력회사가 지금까지 발생한 지진 기록과 예상되는 지진 강도를 고려해 상정한 것일 뿐이다. '희망치' 혹은 '기대치'에 불과한 것으로, 전력회사가 부디 그 이하였으면 하는 바람으로 설정한 수치다. 그 증거로, 원자력규제위원회에서 상정 수치가 너무 작다고 이의를 제기하자 허겁지겁 기준을 조정하기도 했다. 한편, 일부러 상향 조정해서 더 엄격한 조건에 맞췄다는 식의 퍼포먼스를 하는 경우도 있다. 오이원전 판결 당시에도 지적된 것처럼 기준 지진동을 넘어서는 지진이 몇 번이나 발생했음에도 불구하고, 원자력규제위원회는 적절한 수치를 제시하지 않았다. 그러니 과학적으로 근거 있는 수치가 채용될 리 없다.

유럽 원전이 채용하는 기준과 비교하더라도 원자력규제위원회가 새로 내놓은 기준은 불충분하다. 이를테면 안전설비의 다중성 면에서 유럽은 외부전원을 4개의 계통으로 늘려 설정한 데 반해, 원자력규제위원회가 정한 새 기준은 2개의 계통에 지나지 않는다. 유럽에서는 원자로의 압력용기로부터 유출돼 녹아버린 노심을 격납용기 내에 담아놓는 코어 캐처core catcher, 녹아버린 노심을 장기간 냉각하는 격납용기의 열을 제거하기 위한 설비, 항공기가 충돌하더라도 문제가 생기지 않는 이중구조의 격납용기 등 세 가지 설비가 의무조항이지만, 원자력규제위원회의 새 기준은 이를 요구하지 않는다(이러한 조건은 신규 설비에 관한 것이므로 기존 원전은 해당하지 않는다는 주장이다). 이는 어떻게 보더라도 세계 최고의 엄격한 기준이라 할 수 없다.

더욱 치명적인 것은 원자력규제위원회의 새 기준이 국제 기준을 충족하지 못한다는 사실이다. 애초에 원자력 시설의 사고 방지와 사고의 영향 완화를 위해 IAEA는 '심층방호defence in depth' 개념을 채택하고 있으며, 이는 국제적 상식이다. 즉, 안전대책을 제1층(안전설계와 고품질 시공), 제2층(설비의 감시·통제·보호 시스템), 제3층(중대사고로의 발전을 막기 위한 안전설비·사고대응 순서), 제4층(중대사고가 일어날 경우 피해가 시설 밖으로 확산되지 않도록 하는 대책), 제5층(중대사고로 인해 방사성물질이 시설 밖으로 방출됐을 때의 긴급 대응)의 다섯 가지로 나누어 상정한다. 이와 관련해 원자력규제위원회가 '원자력 재해 대책 방침'을 정했음에도 불구하고, 실제로 원전에서 방사성물질이 외부로 방출됐을 경우 인근 주민의 생명과 건강을 지키는 긴급 대응에 관한 내용은 심사 대상이 아니다. 따라서 주민의 피난 계획에 책임을 지고 지도·점검·감시하는 기관은 일본에 존재하지 않으며(원자력규제위원회의 역할이어야 하지만), 지자체에 통째로 떠넘긴 채 방치되고 있다.

요컨대 원자력규제위원회는 심사 내용을 기술적 측면에만, 그나마 기존에 만들어진 원전에만 한정할 뿐 그 외 내용은 일체 검토·심사하지 않게 되어 있다. 이런 실정이니 부분적으로 규제할 수밖에 없으며, 원전의 안전성을 보증할 수 없음은 명확하다. 실제로 원자력규제위원회의 다나카 슌이치田中俊— 위원장은 '안전하다는 것은 제가 말씀드릴 수 없습니다. 새 기준은 사고가 일어날 수 있다는 걸 전제합니다'라고 말한다. 따라서 원자력규제위원회로부터 기준 충족을 인정받더라도 실제로 재가동

허가가 내려진 건 아니며, 안정성이 보증된 건 더더욱 아니다. 이 점을 확실히 파악해야 한다.

2014년 9월 온다케(御嶽)산이 돌연 수증기 폭발을 일으켜 50명 이상이 희생된 대참사가 일어났다. 화산 분화는 화산학자들이 입을 모아 말하는 것처럼 현재의 지식으로는 예측 불가능하다(미리 알 수 있다 해도 고작 몇 시간에서 며칠 전이다). 그러나 원자력규제위원회의 '원전의 화산 영향 평가 가이드(화산 가이드)'를 보면, '화산성 지진이나 지각 변동, 화산 가스 등을 감시함으로써 화산 상태를 감시하고, 화산 활동의 징후를 파악할 경우 원자로 정지, 핵연료 반출 등을 실행'하며, '사업자가 대처 계획을 정하도록 요청한다'고 되어 있다. 원자력규제위원회는 화산 분출 예측이 가능하며, 예측 후 분화가 이루어지기 전까지 핵연료를 원전 부지에서 안전한 장소로 반출할 충분한 시간이 있다고 전제한 것이다.

즉, 애초에 원전이 가동되는 기간(50년 정도)에는 거대한 화산 분화가 일어나지 않으리라 생각한다. 화산 폭발이 10만 년에 한 번 일어난다 하더라도, 자연재해는 늘 상정외에 일어나므로 화산에 대한 원자력규제위원회의 생각은 너무나 안일하다.

거의 아무런 징후 없이 온다케산이 분화한 것에서도 볼 수 있듯이 화산 분화 예측은 불가능하다. 따라서 화산 가이드도 그림의 떡에 지나지 않는다. 원자력규제위원회는 '마그마 폭발은 수증기 폭발과는 달라서 예측할 수 있다'고 변명하지만, 화산학자들은 하나같이 불가능하다는 의견을 내놓는다. 처음 원전이 재가동된 가고시마 현 센다이川內원전은 주변 60킬로미터에 활화산이 몇 개나[47] 있어서 언제 거대 분화가 일어날지 모른다. 그런데도 화산의 영향에 대해 '모니터링 시행 가이드' 정도로 얼버무리고, 아예 심사 기준에조차 포함시키지 않았다. 실제로 큐슈전력은 핵연료 반출 지점 같은 구체적인 대처 계획을 세우지 않은 상태다(반출 지점을 간단히 지정할 수도 없거니와 지정한다 하더라도 몇 년에 걸친 견고한 설비 공사가 필요하므로 실행 가능한 대처 계획 수립은 거의 불가능하다). 이 또한 원자력규제위원회의 심사가 불충분함을 반증하는 예다.

'에너지기본계획'에는 '만약 사고가 일어났을 경우 정

---

47 아소阿蘇산, 신모에다케新燃岳, 사쿠라지마桜島 등.

부는 관계법령에 근거해 책임지고 대처한다'는 한 문장이 적혀 있다. 원전사고가 일어날 수 있다고 생각하면서도 재가동을 우선시하며, 사고 발생 시 나라가 전력회사를 대신해 대처한다는 약속까지 한다. 일단 원전사고가 일어날 경우 피해가 막대하므로 절대 사고가 일어나선 안 된다. 그럴 위험이 조금이라도 있다면 그 즉시 중단시키는 게 나라의 책임이다. 사고가 일어날 수도 있음을 인정하면서 '나라가 책임지고' 대처한다고 했는데, 그 '나라'는 과연 누구일까. 현 정부인지, 총리인지, 국민인지, 도대체 누가 책임을 지는지 확실히 명시되어 있지 않다. 요컨대 후쿠시마 사고가 일어났지만 아무도 책임지지 않던 그 체제가 그대로 이어지고 있다. 이런 무책임한 나라가 원전을 가동할 자격이 있을까.

제5장

지하자원 문명에서
지상자원 문명으로

—

1. 지하자원 문명의 한계와 폐해

지하자원인 화석연료를 채굴해 철이나 구리 등의 광물자원을 생산과정이나 생활에 사용한 것이 18세기 후반 영국에서 시작된 산업혁명 때였다. 이후 약 250년 동안 지하자원에 의존한 과학기술문명을 쌓아올리며 인류는 번영을 구가했다. 이를 '지하자원 문명'이라 부른다. 그러나 이제 한계가 보이면서 그 폐해도 현저해졌다. 여기서는 일단 우리가 의존하는 지하자원 문명의 변천을 살펴보자.

약 1만 년 전에 일어난 농업혁명은 인류 역사상 최초로 일어난 생산과정의 혁명이었다. 이로 인해 정착사회가 완성됨과 더불어 시장·분업·부의 축적·권력의 발생·신분계층 등 현대까지 이어지는 여러 사회구조가 생겨났다. 그 후 산업혁명이 일어나기까지 오랜 기간 자연과 밀착한 생활·생산양식이 이어졌다. 에너지원으로는 인력 외에 수력·풍력·축력·목재의 연소 등을 주로 목 공제품 생산을 위한 보조수단으로 사용했다. 그 과정에 서 인구 증가에 따른 관개로 농지가 확대되고, 주변 삼림 의 대대적인 벌목이 이루어지면서 기후변동으로 고대 도 시가 몰락하기도 했다. 환경의 과도한 변경이 문명의 수 명을 좌우한 것이다.

산업혁명은 우선 화석연료인 석탄 채굴과 이용의 효율 화에서 비롯됐다. 벌목이 진행되어 연료원이 부족해지자 석탄으로 눈을 돌려 물기가 많은 탄전炭田에 배수하면서 굴삭을 위한 열기관을 고안한 것이 그 시작이었다. 이를 위해 강한 화력의 코크스cokes[48]를 만들어 철로 된 실린더 와 피스톤을 갖춘 기계를 제작해 운전 효율을 높이는 데 성공했다. 즉, 에너지원으로 화석연료를 사용하고 생산 수단으로서 광물자원을 쓴 기계를 발명해 기계제 공업을 실시하고 생산 공정의 근본적인 변혁을 이룬 것이다. 그 렇게 지하자원 문명의 막이 열렸다.

---

48 점결탄, 아스팔트, 석유 등 탄소가 주성분인 물질을 가열해 휘발 성분을 없앤, 구멍 이 많은 고체 탄소 연료를 말한다. —옮긴이

—

지하자원 문명에는 두 가지 중요한 전제가 있다. 화석연료나 광물자원 등 지하자원 공급이 무한정 이뤄져야 하고, 그 폐기물을 버릴 수 있는 환경용량environmental assimilating capacity도 무한으로 확대되어야 한다는 점이다. 지구의 크기가 유한하니 자원량이나 환경용량이 당연히 유한하지만, 사람들은 자신이 벌이는 일들이 지구 크기와 비교하면 미약하기 그지없으니 모든 게 무한하다고 간주했다. 그 결과 대량생산·대량소비·대량폐기로 특징되는 지하자원 문명이 형성됐다.

단순하게 말하면, 지하자원 문명이란 새로 사서 바꾸고 쓰고 버리는 걸 당연시하는 시스템이며, 이를 통해 눈앞의 돈벌이만을 목적으로 하는 경제 제도다. 혹은 상류의 자원 공급과 하류의 폐기 과정에 무한의 가능성이 존재함을 전제로 중류의 생산 프로세스를 과학기술의 힘으로 최적화한 문명이라고도 말할 수 있다. 실제 에너지 덩어리라 할 수 있는 석탄, 석유, 천연가스를 연소시켜 성분 함유량이 높은 광물을 정련해 기계를 제작하는데, 에너지와 자원이 있고 개발도 별로 힘들지 않으니 어떤 의미에서 보면 안이한 문명이라고도 할 수 있다.

그렇듯 지하자원을 그냥 사용할 수 있는 조건이 충족된 건 인류사에서도 지극히 한정된 기간에 불과하다. 우리는 행복한 시대를 사는 것이다. 하지만 이제 상류 측인 자원량의 유한성이 거론된다. 석탄은 앞으로 200년 정도 버틸 수 있다고 하지만, 석유나 천연가스, 우라늄 등은 현재 속도로 계속 사용할 경우 앞으로 50년쯤 뒤면 바닥날 것으로 예상되기 때문이다. 공업화가 진행 중인 개발도상국들도 점점 속도를 올리고 있으니 화석연료 고갈은 더욱 빨라질 것이다. 구리나 아연 등 금속 원소의 경우도 마찬가지로 100년 앞을 내다보기 어렵다. 자원 공급이 중대한 곤란에 직면하는 시기가 눈앞에 다가왔다.

다른 한편으로 하류 측인 지구환경의 유한성 또한 구체화되고 있다. 온실가스의 하나인 이산화탄소 농도도 400ppm을 넘어 산업혁명 이전인 280ppm에 비하면 40% 이상 증가했다. 적어도 지난 80만 년의 역사에서 지구상에 발생한 이산화탄소는 자연(삼림, 해수, 해조)이 흡수해준 덕에 280ppm이하로 유지될 수 있었지만, 어느 순간 배출이 흡수를 웃돌아 최근 50여 년 동안 급속히 증가했다. 화석연료의 연소로 생겨난 이산화탄소를 환경에 대한 어떤 배려도 없이 폐기한 결과다. 산성비나 해수 오염, 삼림 벌채 등과 같은 지구환경 문제는 지하자원 문명에 필연적으로 따라오는 대량소비, 대량폐기가 일으킨 곤란이다. 이렇게 악화되는 환경에서 우리는 문명의 미래를 생각하지 않을 수 없다. 원전에서 이산화탄소가 배출되지 않는다고 하지만 방사성 폐기물이 점점 누적되고 있으며, 이것은 10만 년에 걸쳐 엄중하게 보관해야 하므로 이 역시 환경에 위협적임을 잊어서는 안 된다.

이렇듯 지하자원 문명은 상류에 있어서도 하류에 있어서도 유한성의 한계에 직면했으며, 21세기 안에 중대한 곤란을 맞을 것이 분명하다.

미국이 셰일오일(셰일가스) 추출 방법을 개발했으니 에너지 문제가 해결됐다는 식으로 말하지만, 실상을 제대로 알아야 한다. 이제까지 혈암층이 장애로 작용해 오일이나 가스 성분을 추출할 수 없다가 여러 가지 화학약품과 강력한 압력장비로 문제를 해결한 건 사실이다. 그러나 대량의 화학약품과 물을 사용하거나 지층을 크게 개조하는 추출 방법으로 인해 다양한 환경파괴가 유발되므로 그것이 기존의 유전이나 가스층을 대신할 순 없다. 따라서 환경파괴를 감수하면서 개발할 수밖에 없는 자원을 쌍수를 들어 환영할 수 없다. 새로운 에너지원이라는 구세주의 자리에 올려놓기란 더욱 어렵다. 일본 근해에 매장된 메탄 하이드레이트Methane Hydrate도 개발에 커다란 위험이 따른다. 추출 과정에서 나오는 메탄은 이산화탄소의 20배가 넘는 온실효과를 유발하므로 유출될 경우 심각한 환경파괴가 초래되기 때문이다.

지하자원 문명은 앞으로 상류(자원 공급)와 하류(지구환경)의 한계가 확대되면서 그 장래가 더욱 어두워질 것이다. 아울러 지하자원 문명이 가져온 기술 체계를 생각하는 한편, 그 폐해도 확실히 파악해야 한다. 지하자원을 이용하는 기술 체계는 대형화·집중화·획일화라는 특징이 있다. 원전을 예로 들면, 1기의 발전 능력이 100만 킬로와트 정도 되는 건 당연하며, 최근 들어 150만 킬로와트 정도로 대형화되는 것이 일반적 추세다. 게다가 같은 타입의(획일화) 원자로를 몇 기나 한군데에 모아놓았다(집중화). 이를테면 사고를 일으킨 후쿠시마 제1원전에는 6기, 제2원전에는 4기, 니가타 현의 카시와자키·카리와 원전에는 7기나 되는 비등수형 원자로가 모여 있다.

철강, 자동차, 화학공업, 전기 등 소재산업 또한 대부분 대형화·집중화·획일화된 기술방식을 채택했다. 설비를 대형화해 같은 물건을 같은 방식으로 생산하는 것은 경제적 합리성이 있다. 생산비용을 낮출 수 있기 때문이다. 이는 생산과정에서의 엔트로피entropy[49]를 낮추기 위해(낭비를 줄이기 위해) 채택되는 방법으로, 그런 의미에서 보면 과학적 합리성을 지니기도 한다. 싼 가격의 대량생산은 대량소비에 있어 실로 최적의 조건인 것이다.

하지만 주의해야 할 점은, 여기에 필연적으로 대량폐기가 수반된다는 사실이다. 또, 재고를 포함해 생산된 모든 상품을 어떻게 처분할지 생각한다면, 사실상 엔트로피가 낮아질 수 없다.[50] 생산·소비·폐기에 이르는 모든 과정에서 낭비를 줄일 수 있는지 기술 체계의 우열을 논해야겠지만, 지하자원 문명은 그 기술적 주안점을 생산과정에만 집중한다. 애초에 자본주의 경제체제에서 지속된 지하자원 문명에서 공업은 가치(자본)를 창출하는 생

---

49 자연 물질이 변형되어 원래의 상태로 환원될 수 없는 현상. ─옮긴이

50 전력을 예로 들면, 대형 원전에서 생산된 전기가 밤이면 남아돌기 때문에 얼음을 얼렸다가 한낮에 이를 녹여 건물을 냉방하는 빙축열냉방氷蓄熱冷房 시스템이 이용되곤 한다.

산과정과 관련된 기술만을 중시하며, 상품과 생산기계, 그리고 부산물 등을 안전하게 폐기·처리하는 기술은 경시하고 뒤로 미루는 게 보통이었다. 원전의 방사성 폐기물 문제는 그 전형이다.

지하자원 문명은 이상에서 언급한 문제점 외에도 넓은 사회적(혹은 문명론적) 폐해를 낳는다.

그 첫 번째가 중앙집권 체제를 당연시하는 것으로, 그 결과 만연한 것이 '무책임' 민주주의다. 나는 이것을 '방임放任 체질'이라 부른다. 체제에 모든 걸 내맡기기만 하면 아무런 책임도 지지 않고 끝날 수 있다고 믿음으로써 창의나 자율정신을 중시하는 자치·자립의식마저 상실하게 된 것을 말한다. 이는 집중화로 인해 생산·소비·폐기의 모든 과정이 우리와 무관해져 자기 손을 더럽혀가며 관여할 필요가 없어졌기 때문이다.

두 번째는, 지하자원 문명을 지속시켜온 자본주의가 세계화하면서 그 비인간성을 노골적으로 드러낸 것이다. 자본주의에서는 보통 눈앞의 돈벌이에 급급할 뿐 미래사회를 생각하지 않는다('나 죽으면 그만'). 그리고 돈벌이를 극대화하기 위해 노동자에 대한 착취를 늘림으로써 빈부

격차가 점점 벌어진다. 이처럼 지하자원 문명의 폐해는 현재 사회문제로서의 심각성이 날로 더해지고 있다.

세 번째는, 대량생산으로 일관하는 지하자원 문명에서는 늘 소비가 늘어야 한다는 점이다. 그렇지 않으면 경제성장이 멈춰 자본주의 체제가 유지될 수 없다. 따라서 이 목적을 달성하기 위해 사람들의 물질적 욕망을 계속 자극하고 확대재생산한다. 모델이 바뀌거나 새로운 기능이 추가됐다는 이유로 아직 충분히 쓸 수 있는 물건을 내다 버리고 새로 사는 일을 반복해 에너지와 자원을 낭비하고 폐기물 증가를 가속한다. 이로 인해 용량이 유한한 지구환경과의 모순이 극대화되고 지하자원 문명의 수명은 더욱 단축된다. 자승자박인 셈이다.

이처럼 지하자원 문명이 위기를 맞고 있지만, 자원 고갈이나 환경위기가 아직 다급하진 않아 긴박감을 별로 느끼지 않을지도 모른다. 하지만 에너지와 자원의 낭비가 가속화되는 상황을 생각한다면 그 파국은 머지않아 일어날 것이다. 그렇지 않더라도 30년에서 50년 후 지하자원 문명은 확실히 쇠퇴할 것이다. 그때가 돼서 갑작스레 문명의 형태를 바꾸는 건 불가능할뿐더러 큰 희생이 뒤따른다. 그러한 재앙을 피하려면 다음 문명의 형태를 구상하고 연착륙을 생각해야 한다.

2. 지상자원 문명의 전망

다음 문명의 형태란 지하자원 의존에서 탈피해 지상자원에 기초한 문명을 구축하는 것이다. 지상자원이란 태양광·태양열·풍력·수력·조력·지열·바이오매스 등을 가리키는 것으로, 우리가 눈으로 볼 수 있는 지상의 에너지원이다. 초목처럼 여러 가지 제품의 소재가 되는 물질자원이기도 하다. 일본은 지하자원이 빈곤한 나라지만, 지상자원의 관점에서 보면 실로 자원이 풍부하다. 일조시간이 비교적 길고, 북쪽 대지에선 강한 바람이 불며, 비가 많이 내려 물이 부족하지도 않다. 태평양과 오호츠크 해류가 맞부딪히며, 화산과 온천도 많고, 국토의 70% 이상이 산림지대여서 국토 면적은 작지만 다양한 지상자원이 있는, 대단히 독특한 환경이다. 따라서 지하자원 대신 이러한 자원의 활용 방법을 고민해야 한다.

—

이러한 에너지원이 '자연에너지'라 불리는 것은, 태양의 빛과 열을 이용한 태양광발전과 태양열발전, 커다란 풍차의 회전력을 이용한 풍력발전, 지열을 통해 손쉽게 증기를 얻어내는 지열발전, 계류를 이용한 소형수력발전, 조류로 터빈을 돌리는 조력발전, 목재나 분뇨에서 나오는 메탄가스의 연소 등 자연물 그 자체로부터 에너지를 만들어내기 때문이다(물론 기술의 도움을 받은 것이지만). 또한 '재생가능 에너지'라 불리는 것은 화석연료처럼 연소시키면 사라지는 자원이 아니라 에너지 발생의 원천인 태양과 지구가 사라지지 않는 한, 그리고 적정하게 관리하는 한 얼마든지 얻어낼 수 있는 에너지이기 때문이다.

후쿠시마 사고 이후 화석연료에 의존하지 않는 재생가능 에너지로의 전환을 장려하기 위해 'FIT' 제도가 시행됐다. 이전까지는 전력회사가 태양광 등에 의해 만들어진 잉여발전량을 통상적인 전기요금으로 거래했지만, 이 제도가 시행된 후부터는 높은 매입가격으로 거래하게 됐다. 예를 들어, 종래에는 1킬로와트시당 25엔에 매입하던 것을 2012년에는 48엔으로 올리고 10년간 고정하기로 결정했다(2013년 36엔에서 2014년 32엔으로 거래가격이 내려간 것은 태양광발전설비 설치가 늘어나 예산이 부족해졌기 때문이다). 이렇게 매입가격을 올리자 설비투자한 자금 회수가 빨라지고, 순이익이 기대되어 재생가능 에너지가 보급되는 효과도 나타났다. 유럽에서는 FIT가 10여 년 전부터 시행되어 재생가능 에너지 이용이 진전을 거듭하고 있다. 그리고 일본에서도 이제 겨우 그 제도가 활용단계에 있다. 여기 쓰이는 예산은 전기요금에 합산되어 각 가정으로부터 징수되는데, 한 가구당 한 달 평균 200엔 정도다.

태양광발전 등을 하지 않는 가구에도 돈을 징수하는 건 불공평하다는 목소리도 들리지만, 4장에서 언급했듯이 우리는 원전 추진을 위해 전기요금에 포함된 돈마저 순순히 낸다는 사실을 잊어선 안 된다. 원전을 거부함에도 불구하고 전원개발 촉진비, 재처리시설 경비, 방사성 폐기물 처분 비용을 위해 한 달에 200엔 정도를 부담한다. 전기요금 영수증에 재생가능 에너지 매입 비용은 적혀 있고, 원전 관련 비용 내역은 적혀 있지 않은데도 돈만 징수한다. FIT에 대해 불평하려면 이에 대해서도 문제를 제기해야 한다.

FIT가 시작된 2012년 이후 태양광발전에만 약 원전 5기(585만 킬로와트)분의 설비 증설이 진행되어 25%가 증가했다. 가정용에 더해 이른바 '메가와트(1메가와트=1000킬로와트)'라는 대규모 솔라발전을 기업들이 하나의 사업으로 추진한 탓도 크다. 전력 생산 공장처럼 유휴농지나 공장부지 등에서 태양열 패널을 설치해 전기를 생산하는 것이다. 물론 이러한 방식이 효율은 높지만 분산적 에너지 생산의 이점이 활용되지 못하고, 결국 대기업에 의한 대형화·집중화·획일화 기술의 재판이 된다는 우려도 없지 않다.

독일에서는 FIT가 시행되면서부터 재생가능 에너지 보급이 급속히 진행되어 2014년 총발전량에서 차지하는 비율이 무려 17%에 이르렀다. 그 결과 전기요금에 포함된 금액도 일본의 10배인 2000엔 정도로 제도 수정이 불가피한 상황이다. 전기요금에 부가금으로 포함하는 게 아니라 국가 예산을 투입하게 될지도 모른다. 어찌 됐든 국가가 관련 정책에 진지하게 임할 때만이 재생가능 에너지 이용도 본격화될 수 있다. 일본은 아직 총발전량의 2% 정도이므로 FIT나 보조금 등으로 재생가능 에너지가 시민권을 획득하는 것이 최우선 과제다. 국민이 아직 충분히 인지하지 못한 상태이기 때문이다. 일단 발전총량의 10%만 넘기면 사람들에게 폭넓게 인지되어 더 빠른 속도로 보급될 수 있다. 그렇게 되면 예산 시스템이나 송전망 정비 등 간단히 해결할 수 없는 문제와도 조우할 것이다. 하지만 적어도 그 전까지는 어떻게 확대할지에 대해서만 노력하면 된다.

지상자원은 단순히 에너지원만이 아니라 일상생활을 지탱하는 필수품이나 생활용품을 만드는 소재자원으로도 활용될 수 있다는 점에서 중요하다. 주변을 둘러보더라도 약품·비료·도료·섬유·수지·도구·포장재료·부품 등 여러 가지 물건을 석유로 만드는 상황이니 현대 문명은 실로 석유문명이라고도 할 수 있다. 이 석유가 없어진다면 이내 생산활동에도 지장이 생길 것이 틀림없다. 그런 의미에서 석유를 단지 연소시켜 열에너지를 얻는 연료로만 사용하는 건 무척 아까운 일이므로 여러 제품으로 사용해야 한다. 이를 위해서는 석유가 아직 남아 있을 때 석유 대신 바이오매스를 사용한 제품으로의 전환을 적극 연구해야 한다. 실제로 이미 짚으로 플라스틱을 만들고, 바나나 껍질에서 섬유를 추출할 수 있다는 게 증명됐다. 아직은 석유의 도움이 필요하고 대단히 고가라 도저히 채산이 맞지 않더라도 바이오매스가 석유의 대체품으로 여러 가지 가능성이 있음을 깨닫는 것 자체가 중요하다.

바이오매스에서 알코올과 유지, 유기산과 아미노산, 펩타이드peptide, 인산phosphoric acid 등 화학물질의 소재가 되는 기간화합물을 제공받는 건 잘 알려져 있다. 더욱이 이것을 반응시키거나 중합하여 재결합하는 과정을 통해 차세대 바이오연료와 화합물의 원료, 바이오섬유, 바이오플라스틱 등으로 가공할 수 있고 바이오 파인 케미컬(Bio Fine Chemical, 의약품 · 화장품 · 향료 · 사진재료 등), 또는 식품재료로도 사용 가능하다. 현재의 석유화학공업에서 바이오화학(또는 바이오 유기화학)공업으로의 전환이 이루어지는 것이다. 이를 그린 이노베이션green innovation이라 하는데, 최근 공학, 의학, 농학 등 폭넓은 차세대 자원 개발의 핵심으로 자리 잡고 있다. 이런 일들이 실천 가능해지면서 지상자원 문명으로의 전환이 조금씩 실현되고 있다.

석유는 다양한 유기물의 복합체로서 지구가 선물한 값

진 자원이다. 이에 비해 바이오매스는 지하에서 석유가 형성되기 전의 소재물질에 지나지 않으므로 개발이 쉽지 않다. 하지만 이런 어려움을 극복하는 방법이야말로 이후의 중대한 연구 목표다. 지하자원 문명에는 유리한 자원이 처음부터 준비돼 있지만(그런 의미에서 앞서 '안이한 문명'이라고 언급했다), 지상자원 문명은 생경한 소재인 바이오매스를 이용한다는 점에서 만만치 않다. 하지만 그 분야의 연구가 진보를 거듭하면서 여러 견지를 제시한다는 이점도 있다. 이러한 내용이 향후 30년 정도 과학의 주요 개발 목표로 부상하지 않을까.

지상자원 문명의 기술 체계는 필연적으로 소형화·분산화·다양화될 수밖에 없다. 태양광발전을 봐도 알 수 있듯이 자연에너지는 원래 에너지 밀도가 작아 대형화가 어렵고, 각각에 따라 분산시켜 사용하는 편이 더욱 특장점을 발휘하기 때문이다. 또한, 자연에너지는 기후·주야·계절 등에 따라 늘 변하므로 여러 방식을 조합해 다양화해야 한다. 바이오매스 같은 생물자원 이용도 대규모가 아니라 필요한 양을 필요한 만큼만 생산하는 형태가 될 것이다. 대량생산이 가능할수록 효율이 높아지는 게 아니기 때문이다. 즉, 지상자원 문명은 대량생산 · 대량소비 · 대량폐기와 정반대인 소량생산 · 소량소비 · 소량폐기의 형태로 성립되며, 산지 소비가 당연한 구조에, 폐기 또한 분산적으로 개인의 선에서 처리 가능한 규모다.

이런 경제체제가 구축되면 중앙집권이 아니라 지방분권이 당연히 따라온다. 그런 까닭에 사람들은 자연스럽게 도시 집중보다 풍요로운 자연이 있는 지방으로의 분산을 선택할 것이다. 개인이 자립하여 방임이 아닌 주체적 결정이라는 민주주의 본래의 정신을 획득한다는 말이다. 또한 '더, 더'를 외치는 욕망 과잉이 아닌 '정도껏'을 추구하는 욕망 제어가 당연한 시대를 맞지 않을까. 에도시대로의 회귀라 생각할지 모르지만 그렇지 않다. 인공물이 아닌 자연물을 활용해 생활용품과 에너지를 조달한다는 점에서는 에도시대와 같지만, 진보된 과학을 활용해 지상자원을 유효하게 사용한다는 점에서 구별되기 때문이다. 또, 원전 같은 위험물을 멀리하고 가까이 있는 소재와 기술을 이용하는 만큼 안심 · 안전이 지켜지는 사회가 되리라는 점도 분명하다.

사실 그런 사회가 자연재해 위기에도 강하다. 현재의 지하자원 문명에서 이용되는 획일적이며 시스템화된 기술로 성립된 도시 구조는 자연재해 등에 의해 조금의 파탄이라도 일어나면 순식간에 확대되어 피해가 커진다. 그러나 분산화되고 다양한 기술을 활용하는 지상자원 문명에서는 이러한 곤란이 비교적 간단히 제거될 수 있다. 전기는 태양광 패널로 생산하고, 물은 우물에서 공급하며, 가스는 휴대용 가스풍로를 사용하기 때문이다.

현재의 편리함·효율성·욕망 충족 등에서 벗어나지 못하면 이상에서 말한 지상자원 문명의 모습은 그저 꿈같은 이야기에 지나지 않을지도 모른다. 인류는 일단 손에 넣은 지식(핵무기와 원전)을 버리지 못하며, 그것에 얽매인 삶의 방식에서 벗어나지 못한다는 비관론도 있다. 확실히 지하자원 문명으로부터 그렇게 간단히 탈피하는 건 불가능하겠지만, 자원 고갈이 시시각각 다가오고 지구환경이 더 악화되는 사태를 생각한다면 변화를 선택해야 함은 명확하다. 하지만 이 또한 어느 순간 급하게 이루어질 수 없으며, 자원 획득 전쟁이 일어나 공멸하는 결말을 맞을 가능성이 있다는 점도 알아야 한다. 따라서 이러한 사태를 맞기 전에 앞날을 내다보고, 지상자원 문명시대로의 전환을 준비해야 한다. 이러한 시대는 적어도 앞으로 30년쯤 뒤 우리 아이들 세대에는 명확한 현실이 되어 있을 것이다.

3. 탈원전의 비용

일본이 원전 노선을 탈피하지 못하고 적극적으로 자연에너지로 이행하지 못하는 건 근시안적 경제 논리에 매여 있기 때문이다. 보통 경상적으로 의존할 수 있는 전력원의 조건으로는 정상적인 전력 공급이 가능할 것, 경제적이며 환경에 해악을 끼치지 않을 것, 자원 공급이 안정적일 것 등이 거론된다. 원전은 경제성에 있어 의문이 제기되며, 한 번 사고가 일어날 경우 막대한 환경파괴를 유발한다는 것이 주지의 사실임에도 불구하고 어떤 지적도 받지 않은 채 운용된다.

'에너지기본계획'에서 자연에너지로서 이러한 조건을 충족하는 건 지열발전뿐이다. 예를 들어 태양광발전은 정상적인 에너지원이 될 수 없고(주야나 기후에 의존해 일정한 전력 공급이 이뤄질 수 없다), 경제적인 난점이 있다(발전단가가 비싸다)는 이유로 가능성 있는 전원으로 자리매김하지 못하지만, 다른 전원과 조합해 다양화할 수 있다는 관점에서 높이 평가된다. 스마트 그리드smart grid[51]가 개발됨에 따라 다양한 전원의 전기를 조정해 언제나 일정량을 공급하는 방식이 연구되고 있다. 전기는 비축할 수 없다는 결점이 있고, 주간에 많은 양을 생산해도 밤에는 발전을 할 수 없기에 안정성이 부족하지만, 주간에 태양광으로 발전한 전기로 물을 전기분해해 수소를 생산한 후밤에는 이 수소로 연료전지를 만드는 아이디어를 활용할수도 있다. 요점은 얼마나 자연에너지 개발에 열의와 계획이 있는지다. 그런 맥락에서 실제로 탈원전을 실행하고 자연에너지를 본격적으로 사용하는 데 얼마의 비용이드는지 계산해보자. 자연에너지를 본격적으로 사용하는사회로 이행하기 위해서는 우리의 각오도 필요하기 때문이다.

---

51 지능형 전력망을 뜻하는 차세대 에너지 신기술. —옮긴이

　우선 원전 의존율을 살펴보자. 2010년도의 총 전력사용량은 약 9600억 킬로와트시로 그중 화력발전이 5791억 킬로와트시(59%)였으며, 원전 3001억 킬로와트시(31%), 수력 8%, 자연에너지 2% 등이었다. 이에 비해 발전설비용량(발전 가능한 능력)은 화력 1억 4741만 킬로와트에 원전 4896만 킬로와트였다. 설비 가동 시간은 화력이 3928시간(가동률 45%), 원전이 6129시간(가동률 70%)으로 화력발전 시설이 더 길게 쉬고 원전을 더 오랜 시간 가동한다는 사실이 밝혀졌다(정기점검 기간에만 운행을 중지하면 가동률이 90%일 테지만, 비율이 그보다 현저히 낮은 걸 보면 사고나 고장으로 운행 정지 기간이 길다는 사실을 알 수 있다). 단순히 계산하면, 화력발전 설비를 6600시간 가동(가동률 75%)하면 총 전력사용량이 충족되기 때문에 원전이 필요 없다. 그렇게 보면 모든 원전을 멈추고 화력발전만으로 2014년 여름을 넘긴 건 당연한 일이었다.

　정부와 재계·전력업계는 원전 중지로 부족분을 보충하기 위해 화력발전을 늘리고 있으므로 연료비가 증가하고 국부가 사라진다면서 전기요금을 올릴 수밖에 없다고 위협한다. 그 근거를 검증해보자.

—

전력 수요의 30%를 원전이 담당하고 그 전부를 화석연료로 공급한다고 하면, 매년 연료비 증가분으로 필요한 예상액은 3.6조 엔이다. 이만큼의 금액이 화석연료 구매를 위해 쓰인다는 것이다. 하지만 엔저円低로 수입대금이 상승한 점, 일본이 비싼 천연가스를 사다 쓰고 있다는 점, 8%를 절전하고 있다는 점(그만큼 차감해야 한다) 등을 고려하면, 이는 과대한 견적이다. 즉, 실제 드는 비용은 그 절반 정도인 1.8조 엔이다(이를 '보정 견적'이라 부른다). 또한, 무엇보다 중요한 것은, 오이원전 판결에서 언급한 것처럼 '거액의 무역 적자가 발생하더라도 이를 국부 유출이나 상실이라 말할 수 없다. 원전의 운전 정지로 더 많은 무역 적자가 나더라도 그것은 국부 상실이 아니다. 풍요로운 국토와 그곳에 국민이 뿌리내려 생활하는 것이 국부며, 이를 되돌리지 못하는 것이 국부 상실'이다. 눈앞의 금전적 계산보다 국민이 여유로운 생활을 만끽할 수 있는 상태를 지향해야 한다는 것이다.

연료비 증가분을 모두 전기요금에 반영하면, 전기의 총 사용량을 약 1조 킬로와트시라 했을 때 3.6조 엔 / 1조 킬로와트시 = 3.6엔 / 1킬로와트시라는 계산이 나온다. 이 결과 한 달에 300킬로와트시를 사용한다고 가정하면, 소비자들은 1080엔의 증가분을 부담해야 한다. 하지만 30%만 절전할 수 있다면 연료비 증가분이 '제로(0)'가 될 수 있으므로 얼마나 절전할 수 있을지가 전기요금 상승 억제 조건으로 작용한다. 따라서 15% 절전할 경우 540엔(15%분의 연료비 증가)의 전기료만 부담하면 된다. 우선 이것이 탈원전을 가능케 하는 최저 목표다. 이 경우 연료비 증가분으로 1년에 1.8조 엔을 부담하게 될 것이다(보정 견적 0.9조엔).

더 나아가 탈원전 한 만큼 자연에너지로 전환해야 한다. 그렇지 않으면 늘 전기요금 상승 위협에 직면할 것이기 때문이다. 여기서 원전이 담당해 온 발전량 3000억 킬로와트시의 절반인 1500억 킬로와트시를 태양광발전으로 대치하기 위해(나머지 절반은 절전하고) 얼마의 비용이 필요할지 계산해보자. 1킬로와트용 태양광발전 패널로 1년간 평균 1000킬로와트시의 전력을 생산할 수 있다. 일반가정용을 3킬로와트로 어림하면, 1500억 킬로와트시 분량의 발전을 위해 패널 5000만 대가 필요하다. 여기서 패널 1대당 가격을 150만 엔으로 잡으면 모두 합쳐 75조 엔이다. 이를 10년에 걸쳐 진행할 경우 1년에 7.5조 엔의 투자가 필요하다. 이 정도의 자금을 나라나 개인이 부담하기 위해서는 면밀한 재정 계획이 검토되어야 할 것이다.

FIT가 도입되고부터 많은 기업이 메가솔라 사업에 뛰어들고 있다. FIT 시행 이전에 2060만 킬로와트이던 태양광발전 실적은 FIT 시행 이후 단숨에 3200만 킬로와트분이 증가했다. 증가분 가운데 2600만 킬로와트는 메가솔라발전에 의한 것이다. 메가솔라는 1000킬로와트 단위로 매년 100만 킬로와트시 분량의 전기를 생산할 수 있다. 1대에 3억 엔(킬로와트로 환산하면 30만 엔) 정도며, 1500억 킬로와트시 분량의 전기를 15만 대, 즉 45조 엔의 비용으로 조달할 수 있다. 즉, 스케일 메리트scale merit[52]에 따라 비용을 절약할 수 있다. 전기 매입 가격이 1킬로와트시에 32엔이니 100만 킬로와트시라면 3200만 엔의 수입을 올릴 수 있으므로 초기 설비투자에 드는 3억 엔은 대략 9년 정도면 회수할 수 있다. 그리고 10년 차 이후부

---

52 규모 확장으로 얻게 되는 이익. 기업 규모를 확대하면 대량생산에 의한 비용 감소나 분업화로 경제성과 이익률이 높아지는 것을 말한다. —옮긴이

터는 3200만 엔씩 순이익을 낼 수 있으니 실로 유리한 투자다. 이로 인해 자연에너지 개발이 진척되는 건 기쁜 일이지만, 메가솔라를 사업 일환으로 운영하는 대기업에 개발이 좌우되는 걸 보면 난감하다. 산지에서 바로 소비되는 자연에너지의 특징(분산적인)이 사라지진 않을까 염려되기 때문이다.

어쨌든 메가솔라에도 45조 엔이라는 비용이 들기 때문에 10년이라는 기간을 잡더라도 한 해에 4.5조 엔이 필요하다. 한편, 연료비 증가분은 1년에 1.8조 엔(보정 견적 0.9조 엔)이라 계산되지만, 메가솔라발전으로 10년간 15%분을 보충할 수 있으므로 연료비 증가분을 전체에서 절반 정도로 잡아 1년에 0.95조 엔(보정 견적 0.45조 엔)이 필요하다. 이를 다시 4.5조 엔과 합치면 5.45조 엔(4.95조 엔) 정도가 필요하다고 어림할 수 있다. 하지만 실제로는 태양광발전 보급에 따라 태양광발전 패널 가격이 더 하락했기 때문에 이 가격은 상한가다. 대략 5조 엔을 10년에 걸쳐 투자하면 원전에 의존하던 발전량의 절반을 태양광 에너지로 충당할 수 있다.

이상은 원전의 전기를 직접 대체하기 위한 비용인데,

그 외에도 일본은 핵연료 리사이클이나 입지대책비 등 원전과 관련해 많은 예산을 쓰고 있다. 이를 중지하면 탈원전 비용을 낮출 수 있다. 금액을 어림잡아 보자. 원전을 운전하는 데 소요되는 직접비용은 우라늄 연료비를 포함해 1년에 1.8조 엔 정도다. 원전을 모두 멈추더라도 원자로 냉각 유지비가 필요하니 그 절반밖에 절약할 수 없다 해도 0.9조 엔 정도는 절약할 수 있다. 핵연료 리사이클 노선과 관련해 가장 큰 비용이 드는 부분은 재처리 공장의 건설비·운전비다. 현재 기준으로 모두 합친 금액이 18.8조 엔 정도(재처리공장은 원래 계획보다 10년 이상 늦어진 상황이며, 매년 증가하고 있어 이것은 하한선이다)며, 10년간 평균을 내면 1.9조 엔이다. 여기에 재처리와 더불어 발생하는 고준위폐기물 처리비용이 1년에 0.15조 엔씩 더해지고, 원전 입지대책비로 매년 0.35조 엔이 들어간다. 이상의 비용을 모두 더하면 3.3조 엔이다. 요컨대 원전 노선을 폐기하기로 하면 이만큼이나 예산을 아낄 수 있다. 탈원전 비용인 연간 5조 엔과의 차액이 약 1.7조 엔 정도니 그렇게 무리하지 않고도 집행 가능한 금액이다. 아울러 일본은 방위비로 5조 엔이나 되는 예산을 쓰고 있으니 이것만 줄여도 쉽게 달성할 수 있다.

이상의 제안을 정리하면 다음과 같이 요약된다.

① 원전을 모두 정지하더라도 화력발전 용량이 충분해 전력 부족이 일어나지 않는다.

② 원전에 의존하던 30%의 발전량 가운데 15%는 절약하고, 15%의 연료비 증가에 따른 부담(0.95조 엔/년, 보정하면 0.45조 엔/년)은 전기요금을 올려 감수한다 (일반가정의 경우 570엔/월, 보정하면 270엔/월).

③ 메가솔라 설비를 매년 4.5조엔 씩 투자해 신설하고, 10년간 계속해서 15%분을 자연에너지에 의존한다.

④ 원전 운전비, 핵연료 리사이클 관련 비용, 입지대책비 등을 절약해 1년간 3.3조 엔 정도 줄인다.

⑤ 결국 ③의 4.5조 엔과 ④의 3.3조 엔의 차액은 방위비에서 자연에너지 개발비로 충당한다.

그렇다면 이처럼 탈원전을 구체적으로 실행하고 재생가능 에너지로 전환하기 위한 비용을 계산하는 이유는 무엇인가. 주된 이유는 탈원전에서 재생가능 에너지로의 이행이 그리 간단한 문제가 아니기 때문이다. 단순히 말하면, 탈원전은 우리가 30% 절전하면 달성할 수 있으며, 연료비 증가를 생각할 필요가 없으므로 전기요금 상승 없이도 우리의 결심에 따라 실현 가능하다. 하지만 전력을 부담 없이 사용하는 게 체질화된 우리가 한 번에 30%를 절전하기란 불가능해 보인다. 대지진과 원전사고 직후 3개월 동안 도쿄전력 관내에서 계획정전이 시행되자 사람들은 전력 부족을 어쩔 수 없는 것으로 받아들이며 편의점 조명을 껐고, TV는 뉴스 외 방송을 자제했다. 이때 30% 이상 절전이 이뤄졌다. 하지만 시간이 흐르자 다시 전력 수요 욕망이 강해졌고, 채 1년도 지나지 않아 편의점도, TV도 원상태로 돌아가버렸다.

이미 욕망의 달콤한 맛을 알아버린 사람들은 긴축 생활로 돌아갈 수 없어 보인다. 그래서 타협해서 15% 정도 절전하고 나머지 15%는 재생가능 에너지로 확보하기 위해 얼마의 경비를 부담해야 하는지 생각해본 것이다. 하지만 지금이라도 재생가능 에너지로 전환할 수 있다는 낙관적인 분위기에 대해 이 정도의 각오와 강한 의지를 갖춰야만 가능하다고 강조해야 한다. 탈원전은 경솔하게 실현할 수 있는 게 아니다. 확실히 땅에 발을 딛고 그에 상응하는 부담을 지지 않으면 안 된다. 그럼 이제부터 재생가능 에너지 비율이 17%를 넘는 독일의 도전과 과제는 무엇인지 살펴보자.

4. 독일의 도전과 과제

환경문제에 대한 독일의 노력은 두 가지 이유에서 비롯됐다. 하나는, 온실가스 때문에 지구온난화가 국제적인 문제로 부상했는데, 주요 전력 생산을 질 나쁜 갈탄 화력발전에 의존해 온실가스를 배출했던 것에 대한 반성(죄책감)이다. 갈탄은 독일에서 많이 생산되어 값이 싸므로 사용 중단이 쉽지 않다. 저렴한 전력과 환경문제 사이의 갈등인 것이다. 또 하나는 탈원전의 물결이다. 독일은 이미 1961년(일본보다 10년 먼저) 상업용 원전이 송전을 개시했고, 그 후 더 큰 출력의 원전을 건설한 세계적인 원전 선진국이다. 물론 그만큼 반발도 거셌다. 특히 독일은 지방분권을 중시하는 나라다 보니 지역에서 강하게 반발하면 지자체(주 정부)도 원전 노선을 강행하기 어렵다. 실제로 지역 반대로 원전 건설 계획이 중지되기도 했다. 언론도 원전의 안전성이나 핵폐기물 문제, 그리고 에너지 정책을 적극 보도해 안전신화 확산이 불가능했다. 또한, 1979년 스리마일 섬 원전사고가 일어난 이후 탈원전 운동이 활성화됐다.

이러한 상황에서 1980년 녹색당이 결성되면서 환경 부하를 최소화하는 에콜로지^{ecology}를 핵심으로 탈원전 노선이 전면에 등장했다. 여기에 1986년 체르노빌원전 사고로 국토가 방사능에 오염되면서 원전 거부 세력인 녹색당의 존재감이 더욱 커졌다. 그리고 1998년 녹색당은 6.7%의 지지를 확보, 슈뢰더^{Gerhard Schröder}가 이끄는 SPD(사민당)와 연립정권을 구성해 '탈원자력 합의'를 발표한다. 이 합의에 따라 원자로 운전기간은 최대 32년으로 제한되고, 당시 19기였던 원전의 총발전량에 상한이 설정됐으며, 원전 신설이 금지됐다. 그렇게 탈원전이 강한 방향성을 지니게 됐다.

한편, 독일에서의 탈원전 움직임과 별개로 EU의 움직임이 독일 에너지 정책에 큰 영향을 끼쳤다. 1998년 EU

는 전력회사의 타 지역 독점을 폐지하고 전력 자유화를 단행했다. 이에 따라 거대 전력회사들은 전력선을 타사와 공유하게 됐고, 일반가정은 전력회사를 자유롭게 선택할 수 있게 되었다. 그리고 독일에 전력 거래 시장이 개설되면서 전력요금도 자유경쟁 체제로 들어갔다(초기에는 전력선을 소유한 회사가 높은 송전료를 부과하는 바람에 가격이 별로 내려가지 않았지만, 이후 송전과 발전회사의 완전 분리가 이루어져 상황이 개선됐다).

독일 연립정권이 실시한 또 한 가지 중요한 정책으로, 2000년 제정된 '재생가능에너지법(EEZ)'을 꼽을 수 있다. 송전업자가 수력·태양광·지열·폐기물가스·바이오매스 등의 에코전력 송전망을 포함하도록(팔기를 원하는 사람이 있으면 먼저 법률에 따라 정한 고정가격을 기준으로 거래하고 전력계통에 합류하도록) 한 것이다. 재생가능에너지법은 사실상의 재생가능 에너지 전량 매입 제도로, 가격을 20년간 고정해두었다. 이렇듯 정부가 재생가능 에너지 발전의 투자 회수를 법률로 보장함으로써 급속한 보급이 이뤄졌다(일본의 FIT 조항에 '재생가능 에너지가 늘어나 송전선 부족이 예상될 때는 접속을 거부할 수 있다'고 된 것과 큰 차이다).

이처럼 독일에서는 전력 자유화·발송전 분리, 그리고 재생가능 에너지 전량 매입 제도를 두 축으로 재생가능 에너지 보급이 급속하게 진행되어 원전 의존도가 하락했다. 물론 이런 움직임이 그저 순탄하지만은 않았다. 일단 전력업계와 산업계로부터 강한 반발이 일어나 2009년 CDU(기독민주연합)·CSU(기독사회연합)와 FDP(자유민주당)의 연립으로 이룬 보수중도정권[53]이 2010년 온실가스 배출량을 줄이기 위해 재생가능 에너지 증가와 더불어 탈원전 합의에 대폭적인 수정(원자로 가동을 평균 17년 연장)을 가했다.

게다가 2000년과 2010년을 비교하면, 독일의 전력요금은 무려 70%나 증가했다. 그중 세금(부가가치세, 재생가능 에너지 조성금, 환경세, 전신주 도로사용료 등)은 84.2% 늘어났다. 특히 재생가능 에너지 조성금이 10배로 오른 것이 눈에 띈다. 대폭 상승한 전기요금의 상당 부분이 재생가능 에너지의 전량 매수를 위한 비용이다. 다시 말해,

---

53 총리는 앙겔라 메르켈Angela Merkel.

높은 전기요금으로 탈원전과 재생가능 에너지 보급을 꾀한 것이다.

2011년 3월 11일 후쿠시마원전에서 중대사고가 일어나자마자 메르켈 총리는 3월 15일, 1980년 이전에 운전을 시작한(운전기간이 31년을 넘는) 7기의 원자로를 즉각 정지했다. 원자력의 위험을 깊이 인식해 내린 결정이었다. 그리고 2개의 위원회를 설치해 제언을 구했다. 그중 하나가 '원자로안전위원회'로, 남은 17기 원전의 내구성을 조사했다. 안전성 확신을 얻고자 한 것이다. 실제로 원자로안전위원회는 '독일의 원전은 후쿠시마 제1원전보다 높은 안전조치가 강구되고 있다'는 답변을 내놓았다. 하지만 메르켈 총리가 선택한 건 이 위원회의 답변이 아니었다. '안전한 에너지 공급에 관한 윤리위원회'가 내놓은 '하루빨리 원전을 폐지하고, 보다 위험이 낮은 에너지로 대체해야 한다'는 제언이었다. 그렇게 7기의 원자로와 문제가 생겨 정지 중이던 1기까지 총 8기를 즉시 폐로하고, 남은 9기에 대해서는 2022년 12월 31일까지 폐로 절차를 밟기로 연방의회에서 결정했다(전체 의원의 83% 찬성). 동시에 재생가능 에너지 비율을 2011년 17%에서 2013

년 20%, 2020년 35%, 그리고 2050년에는 80%로 높인다는 목표를 설정했다.

독일의 탈원전과 재생가능 에너지를 향한 이행 노선에는 환경문제에 관한 사람들의 강한 관심과 경제보다 환경을 중시하는 선택이 기저에 있는 한편(국민적 대응의 문제), 대륙으로 이어진 유럽의 지리적 특성(전력의 융통이 보통으로 이루어지는 문제)과 EU 차원의 통합적 방침(EU시행령)이라는 국제적 특성 등이 중요한 요소로 작용했다. 또한, 지하자원 문명이 환경적 유한성으로 벽에 부딪혔음을 인식하고, 재생가능 에너지로의 이행이라는 지상자원 문명으로의 전환을 도모할 필요성도 공유했다. 한편, 프랑스의 경우 원전 의존율이 70%를 넘는 현실을 보면(2020년 50%까지 낮추겠다고 하지만), 서로 이웃한 두 나라 사이에 왜 이런 차이가 존재하는지 연구해볼 만하다.

이처럼 독일은 지상자원 문명에 선제적으로 다가서 있지만, 여러 가지 문제도 있다.

우선, 전기요금이 비싸다. 4인 가정의 월평균 전기요금은 7700엔 정도다. 총괄원가방식이라 상대적으로 비싼 편인 일본의 전기요금보다도, 다른 유럽 국가들과 비교하더라도 독일의 전기요금이 비싼 건 사실이다. 주요 원인은 재생가능 에너지 매입 제도로 전기의 매입가격과 실제 가격 사이의 차액을 메우기 때문이다. 실제로 태양광발전 매입 제도가 시행되자마자 많은 가정이 도입해 설비 내용이 세계 최고 수준에 이르렀으며, 그로 인해 보조금이 많이 필요해짐에 따라 징수액이 늘어날 수밖에 없었다. 하지만 독일은 위도가 높아 일조량이 적어서 이 부분에 많은 돈을 들이는 건 효율적이지 않다는 비판도 강해지고 있다. 일반인들은 환경보전을 위해 비싼 전기요금을 감수하지만, 산업계는 강한 불만을 터뜨린다.

둘째, 재생가능 에너지 이용률이 높은 것은 북해의 해상풍력발전이지만, 실제로 많은 전력을 필요로 하는 건 독일 남부지역(뮌헨지역)이므로 북부에서 남부로 가로지르는 긴 송전선을 설치해야 한다. 그러나 송전선 건설 예정지에는 늘 강한 반발이 있다. 누구도 자기 머리 위로 위험한 송전선이 지나가는 걸 달가워하지 않아서다. 하지만, 지하에 매몰할 경우 막대한 비용이 들며, 전력 수요지 재배치도 그리 간단한 일이 아니라서 심각한 문제로 부각된다.

셋째, 재생가능 에너지가 언제나 안정적으로 공급되는 게 아니므로 부족할 경우를 대비해 화력발전을 반드시 건설해야 한다(이는 원전도 마찬가지다). 하지만 화력발전은 온실가스를 배출하기 때문에 발전소 건설에 반발이 심하다. 송전선과 화력발전소 건설 반대운동은 재생가능 에너지 도입을 생각한다면 반드시 해결해야 할 문제지만, 그리 쉬운 일은 아니다.

넷째, 역으로 재생가능 에너지 공급이 과잉될 경우도 생각해야 한다. 네거티브(마이너스) 가격을 책정해 남은 전기를 거래하면 어떠냐는 농담이 있을 정도다. 전기는 비축할 수 없다(축전지가 있다 하더라도 용량이 적다)는 치명적 결함 때문에 양수발전이나 물속 전기분해를 통해 수소로 저장해 연료전지로 사용하는 방법 등이 고려된다. 하지만 이 방법에도 설비투자가 필요한 건 분명하다.

다섯째, 그렇게까지 힘들게 (투자해서) 재생가능 에너지를 쓰기보다 온실가스 배출권을 구입해 화력발전을 하면 비용도 싸고 국민 부담을 줄일 수 있다는 견해가 뿌리 깊이 박혀 있다. 이럴 경우 결국 온실가스가 증가할 뿐이므로 반대도 많지만, 근시안적 경제지상주의자들이 절대

—

포기하지 않는 주장이기도 하다.

일본에서 재생가능 에너지 도입을 논의하다보면, 때
때로 앞서 거론한 송전선이나 공급부족과잉 문제 등을
들며 애초부터 큰 어려움이 있다는 식의 주장을 펴는 사
람들이 있다. 그러나 이런 문제들은 재생가능 에너지 비
율이 20%를 넘기는 수준인 독일이라면 심각할지 몰라
도, 아직 2%에 불과한 일본은 걱정할 필요가 없다. 전력
을 융통해 간단히 해결할 수 있을뿐더러 20% 정도의 높
은 비율을 점하는 단계에 이르렀을 때 대책을 고려해도
늦지 않기 때문이다. 지금의 일본에선 일단 재생에너지
의 비율을 어떻게 20%까지 늘릴 수 있는지가 중요한 과
제다.

아무튼, 재생가능 에너지 이용 대국인 독일도 심각한
과제를 안고 있는 건 사실이지만, 어떻게든 해결할 것이
라 기대해도 좋다. 독일이라는 나라는 커피 수입이 힘들
어지면 인공커피를 만들어내고, 설탕을 구하기 어려워
지면 사탕무를 재배하는 식으로 난관을 극복해온 역사가
있기 때문이다. 이 문제도 해결할 자신이 있으니 2020년
까지 재생가능 에너지 비율을 35%까지 늘린다는 목표를

내거는 것 아닐까.

5. 일본은 어떨까?

독일과 비교해 일본은 어떨까? 재생가능 에너지의 본격적인 이용에 도전할 수 있을까? 이대로라면 의문을 갖지 않을 수 없는 상황이다.

우선 독일은 환경 의식이 높고, 경제발전보다 환경보전을 우선시하는 사상이 일반적이다. 실제로 녹색당도 국민에게 확고한 지지를 받고 있으며, 주의회나 연방의회에서 없어서는 안 될 세력으로 자리를 굳히고 있다. 그에 비해 일본의 녹색당은 없는 거나 마찬가지인 데다, 환경보전보다 경제논리를 우선시하는 사람들이 압도적으로 많다. 매파인 아베 총리가 지지를 받는 것은, 자금 공급의 대폭 완화로 엔저가 발생해 주가가 상승하는 경제정책(이른바 '아베노믹스') 때문이다. 그나마 일반 노동자의 급여가 오른 것도 아니고 껍데기뿐인 호경기에 지나지 않지만, 덮어놓고 아베노믹스가 성공했다는 선전이 효과를 거둬 비교적 높은 지지율이 유지된다. 여하튼, 국민 다수가 경제에만 집중하는 건 사실이다. 따라서 원전 재가동으로부터 원전 노선이 본격적으로 부활하려는 조짐도 나타나고 있다. 경제부흥을 위해 원전이 필요하다는 재계의 위협을 사회가 서서히 받아들이는 것이다.

이런 상황을 주시하면서 원전 재가동을 위해 전력회사가 여러 가지 책동을 벌인다는 사실을 지적해야 한다. 전력회사로서는 상당한 설비투자를 해서 원전을 건설했으므로 이를 최대한 사용해 이익을 얻고 싶기 때문이다. 도쿄전력의 사고는 지진해일이 원인이었고, 그나마 1000년에 한 번 정도 일어날 만큼 드문 일이므로 얼마 후 또다시 일어날 리 없다며 안심한다. 이러한 관점에서 전력회사는 다음과 같은 일들을 벌인다.

① 화력발전소의 설비가 노후화된 채 혹은 따로 설비 갱신을 진행하지 않은 채 방치하거나 새로운 천연가스 화력발전소 설치를 게을리하면서 전력이 부족하다고 사람들을 위협한다.

② 원전이 발전하던 분량까지 화력발전소가 떠맡고 있

으므로 석유나 천연가스 연료비가 비싸져서 적자가 가중된다며 전기요금 상승을 위협한다.

③ 원자력규제위원회가 신규 기준심사를 위해 내놓는 자료는 원전사고 이전의 것과 본질에서 다르지 않거나 간단한 수정만을 거친 것이다.

④ 송전선을 점유하여 용량 초과라는 이유로 재생가능 에너지(풍력과 태양광발전)에 의한 전력 송전을 거부한다.

⑤ 재생가능 에너지 개발에는 소극적이면서 총괄원가 방식 같은 전력회사에 이익이 되는 요금결정방식을 고집하고, 발·송전 분리 움직임에 반대하며 지역독점체제를 유지하려 한다.

아울러 일반가정요금보다 지극히 싼 전기요금을 보장받는 경제계는 전력회사를 두둔하며 원전 재가동을 외친다.

또, 일본인의 에콜로지 사상이 독일보다 약하다는 것도 거론하지 않을 수 없다. 앞서 언급한 것처럼 독일은 갈탄 화력발전이 중심 에너지원이어서 지구온난화 가속화에 손을 대고 있다는 죄의식이 강하다. 그래서 지속가능한 사회를 만들기 위한 노력을 아끼지 않겠다는 분위기가 형성되어 있으며, 온실가스 삭감에 적극적으로 매달려 교토의정서에서 결정된 목표를 초과달성하기도 했다. 이에 반해 일본에는 에콜로지에 돈을 들이는 건 낭비라는 의식이 있어 교토의정서가 정한 6% 삭감 목표를 달성하기는커녕 기준을 3%나 초과하는 결과가 나왔음에도 반성하는 기색이 없다. 심지어 교토의정서 지속 협정에는 경제가 어렵다는 구실로 참가하지 않기로 했다. 국민적 차원에서 보더라도 환경보전 의식이 취약하다.

그 결과 일본의 재생가능 에너지 사용 비율은 아직 2%에 불과하며, 내 제안처럼 재생가능 에너지에 대한 투자가 실현된다 해도 10년 후인 2025년쯤 되어야 겨우 10%를 달성할 수 있을 뿐이다(현 정권의 대응 정도라면 아예 실현 자체가 불가능할 것이다). 하지만 독일은 현재 이미 재생가능 에너지 비율이 20%이며, 2025년에는 37%까지 증가할 전망이다. 결국, 일본은 독일보다 20년 정도 뒤처진 셈이다. 장래 지상자원 문명이 본격화될 때 이 차이는 일본에 상당한 핸디캡으로 작용할 것이 분명하다. 그때가

되어 허겁지겁 손을 쓰더라도 이미 늦었으므로 문제 해
소는 쉽지 않을 것이다.

또 하나, 일본과 독일 간의 대표적인 차이로 국제성 문
제가 있다. 독일은 대륙에 자리 잡아 몇 개 나라와 국경
을 접하고 있으며, EU의 일원이기도 하다. 따라서 통화
도 통일되어 있고, 비자 없이 자유롭게 국경을 오갈 수
있다. 또, 국제적인 전력 융통이 가능한 데다 금융적인
어려움도 없다. 이러한 EU의 통합성을 발휘하기 위해 국
가 단위를 넘어선 'EU 시행령'을 통해 연합체에 참가하는
국가가 따라야 할 원칙을 정하고 있다. 또한, 지역독점체
제이던 전력회사로부터 발·송전기능을 분리해 전력회
사 선택의 자유를 촉구한 것이 EU이며, 이에 따라 독일
의 전면적인 전력자유화도 실현됐다.

그에 비해 일본은 폐쇄적 환경의 섬나라로, 국제성이
심하게 결여되어 있다. 이를테면 일본에는 10개의 지역
독점 전력회사가 존재하며, 메이지시대 이후 정해진 서
일본 60사이클·동일본 50사이클의 주파수 차이가 이
제껏 이어진다. 서로 간에 전력 융통이 이뤄지는 유럽에
서는 생각할 수도 없는 일이다. 또한, 일본에는 지역 독

점을 보증하기 위해 전력회사에 유리한 요금 산정방식이 채택되어 있다(따라서 10개 전력회사 모두 요금체계가 다르다). 서일본과 동일본의 전력 융통이 120만 킬로와트로 제한되어 있으며, 전력망 사용료가 비싸 전력의 자유로운 매매가 어렵다는 것 등 여러 가지 부수적인 문제도 산적해 있다. 그런데도 전력회사의 지역독점체제는 좀처럼 깨지지 않는다. 전력회사가 정치인, 관료, 언론, 원전 전문가 등을 끌어들여 매수하고, 광고료로 옭아매거나 기부금으로 입을 막아 국책에 협력하게 하기 때문이다. 이러한 일본 전력 행정의 발본적 개혁이 이루어지지 않는 한 일본이 독일처럼 재생가능 에너지 이용 대국이 되는 일은 불가능하다.

이상의 내용을 종합하면, 일본이 지상자원 문명국이 되는 건 좀처럼 쉽지 않아 보인다. 하지만 가능성이 전혀 없는 건 아니다. 인식을 공유하고 정치 변혁을 실현할 수 있다면 아직 희망은 있다.

첫 번째로 생각해야 할 것은, 일본이 지상자원의 보고라는 점이다. 태양광의 일조 조건(각도와 시간)을 기준으로 보면 위도가 높은 독일보다 태양광·태양열 발전 효율이 훨씬 높다. 북일본은 풍력발전에 적합하고, 화산이 많아 마그마가 지표 가까이에 있으므로 지열발전 후보지도 많다. 산간지역은 바다에 근접하면서도 가파르고 험준해 급류를 이용한 소형발전에 적합하다. 더욱이 국토의 70%를 차지하는 산간부에는 삼림이 우거져 있어 바이오매스에도 어려움이 없다. 일본은 자연에너지 이용에 더없이 유리한 조건을 갖고 있다. 이토록 지상자원의 핵심인 바이오매스가 풍부한 일본이건만, 보배를 썩히며 삼림자원도 유효하게 활용하지 못하고 있다. 전후 식목사업으로 목재를 키워놓고도 외국에서 값싼 수입 제재를 들여오는 등 관리하지 않아 산이 황폐화됐기 때문이다. 목재 연료에서 석유, 그리고 전기로 에너지원이 바뀌어 마을 인근의 숲을 관리하지 않은 것 또한 산이 황폐화된 원인이다.

삼림자원을 재검토하고, 그린이노베이션에 의한 바이오매스 이용에 본격적으로 뛰어든다면 분명 많은 성과를 거둘 수 있다. 우선 임업 작업환경을 안전하게 하고, 목재 펠릿wood pellet[54] 및 보일러 개발, 톱밥 등을 활용한 발

---

54 임업 폐기물이나 소나무 벌채목 등의 톱밥을 분쇄한 뒤 원기둥 모양으로 압축 가공한 연료. —옮긴이

전, 집성재 lamination wood[55] 제작 등 목재자원의 이용가능성을 열어 산업화해야 한다. 이를 위해서는 일단 임업종사자를 늘리고, 바이오매스 개발을 본격화할 체제를 정비하는 일이 급선무다. 물론 정부 차원의 관련 방침 명시와 재정원조(보조금, 설비 건설), 시스템 정비(인재 양성 학교나 훈련소, 취급 관청)도 불가결하다. 이렇게 주로 석유에 의존하던 지하자원 문명을 넘어 새로운 가능성에 도전하고 지상자원 이용 분야를 개척해 나갈 필요가 있다.

두 번째로, 일본은 뛰어난 기술을 가졌고 개발을 위한 충분한 역량이 있다는 점을 고려해야 한다. 일본이 한때 세계 2위의 경제력을 가진 나라가 될 수 있었던 건(좋든 나쁘든 간에) 기술 개발을 우선해 세계의 '제1선'을 선호해왔기 때문이다. 특히 제2차 세계대전 이후 일본은 전자기술, 반도체기술, IC기술 등을 통해 '경박단소輕薄短小[56]' 분야에서 능력을 발휘하며 약품·의료기기·전기제품·일렉트로닉스·바이오산업 등을 주도했다. 물론, 자동

---

55 판재 및 소각재 등을 섬유 방향으로 서로 평행하게 접착시켜 만든 접착 가공목재. ―옮긴이

56 정밀 기기·전기 기기 등과 같이 상황에 유연하게 대처할 수 있는 제조업의 성질을 이르는 말. 반대어는 중후장대重厚長大다. ―옮긴이

차 · 기계 · 철강 · 화학제품 등 제2차 세계대전 이전부터 두각을 보이던 '중후장대' 분야에서도 패권을 겨뤄왔다.

현재 경제 글로벌화 속에 일본 경제력 침체가 많이 거론되는데, 그 원인으로 일본의 경제 목표가 국내에 중점을 맞춰 세계적 추세에 뒤처지게 된 것[57]이나, 돈이 드는 기술 개발보다 싸게 먹히는 생산관리에 역점을 두어 근시안적으로 경영한(또는 경영하고 있는) 것, 각각의 기술은 뛰어나지만 그것을 종합해 상품화하는 역량이 부족한 것 등을 꼽을 수 있다. 즉, 현상을 제대로 총괄하고 미래에 무엇이 중요할지 확인해 자본과 인재를 투입한다면, 충분히 세계와 어깨를 나란히 할 수 있는 잠재력이 있다.

따라서 정부 차원에서 지상자원 문명으로의 전환이라는 큰 목표를 향해 세제와 법제도, 지원시스템 등을 정비해 기술력을 새롭게 개발하도록 이끌어간다면 일본은 분명 국제적 이니셔티브initiative를 쥘 수 있을 것이다. 아울러 짧은 기간에 일희일비한다면 일본의 미래가 열리지 않는다는 점 또한 명심해야 한다.

---

57 '갈라파고스Galapagos화'라고 부른다.

　세 번째로, 후쿠시마원전 사고를 계기로 탈원전과 원전 재가동 반대 의견이 국민적 합의를 이루어 절전과 재생가능 에너지로의 전환이라는 방향이 체질화되고 있다. 즉, 지하자원 문명에 젖어 아무런 의문도 갖지 않던 상태에서 지상자원 문명에 관심을 가지면서 소형화·분산화·다양화된 기술 체계로 이행하는 한편, 사물을 바라보는 방식 또한 조금씩 바뀌고 있다. 현재의 '무책임' 민주주의와 중앙집권, 욕망에 지배당하는 모습을 반성하고 자립형 민주주의·지방분권·욕망 억제 등을 통해 '만족할 줄 아는' 자신을 발견해간다. 물론 아직 그런 사람이 다수는 아니지만, 더 늘어날 것은 분명하다. 인간 의식의 변혁에는 사회적 분위기가 큰 영향을 끼치기 때문이다.

　바꿔 말하면, 앞으로 약 10년간 원전을 모두 정지하고도 절전을 통해 생활할 수 있다면, 이것이 우리가 사회의 주인공이라는 자각으로 이어져 탈원전으로 나아갈 수 있을 것이다. 또한, 지하자원에 의존하던 의식도 서서히 바뀌어 지상자원에 대한 기대와 개발 의욕으로 이어질 것이다. 그런 의미에서 향후 10년은 우리의 노력 여하에 따라 무척 중요한 시기가 될 수 있다.

마지막으로, 탈원전과 더불어 재생가능 에너지로의 전환을 이뤄내기 위해서는 핵연료 사이클이라는 무의미하고 돈만 잡아먹는 정책을 중단해야 하며, (좀 과장해서 말하면) 그것이 일본의 진로를 결정할 것이다. 이 문제는 방사성 폐기물을 어떻게 관리할 것인가의 문제와도 깊이 관련되므로 하루빨리 결론 내지 않으면 안 된다. 질질 끌며 시간을 낭비하다가는 미래 세대의 부담만 늘어날 것이기 때문이다. 이러한 배려가 없다면 일본의 미래를 책임지는 세대라 할 수 없다.

6. 30년, 50년 앞을 내다보는 방책과 전망

앞으로 인류가 가져야 할 윤리는 '지구상에 살아가는 존재의 지속가능을 철저하게 추구하는 것'이다. 지금껏 인류는 환경을 바꾸고 파괴하며 살아왔다. 농업혁명을 통해 삼림을 논밭으로 바꿈으로써 기상이변을 초래해 물의 순환시스템을 바꿔버렸다. 광합성의 주체인 삼림이 감소하면서 공기 흐름이 바뀌어 사막화가 확산되고, 강제적인 관개에 따른 염류축적^{salinization}[58]으로 토지가 버려졌기 때문이다. 산업혁명 당시에는 화석연료의 과도한 매립 등으로 자연경관 파괴가 거리낌 없이 이뤄졌다. 마치 자연을 정복하기라도 하듯 변경과 파괴를 이어온 것이다.

그러니 이미 모든 게 한계에 온 것 아닐까? 기상이변에 따른 자연재해 증가, 그로 인한 환경 악화는 우리가 얼마나 위험한 자연환경에서 살아가게 됐는지 자각시킨다. 100년에 한 번 일어나던 이상기후가 10년에 한 번으로 빈발하고, 점점 태풍이나 허리케인도 강력해져서 잦은 집중호우와 회오리바람이 일상생활을 위협할 정도다. 이미 지구환경 시스템이 생명이 살아가기 힘든 상태로 자기조직화를 시작하려는지도 모른다. 해수 온난화로 산호가 백화현상을 일으키며 사멸하는 예도 증가하고 있다. 북쪽 바다에 서식하던 연어, 대구, 볼락 등도 수온이 상승하면서 살아남기 힘들어질지 모른다. 어쨌든 하루 25종의 생물이 절멸한다고 보고될 정도니, 강한 열화

---

58 매년 여러 번에 걸쳐 토양 관개가 반복됨에 따라 해수에 녹아 있던 무기물이 지표면에 쌓여 작물에 피해를 주는 현상. ―옮긴이

의 압력을 받은 환경이 거친 상태로 변이해 일체의 생명을 받아들이지 않는, 그런 악몽 같은 상황이 들이닥칠 것도 아주 부정할 수는 없다. 따라서 우리가 살아남기 위해서라도 환경을 중시하며 큰 부하가 걸리지 않는 생활방식으로 전환해야 한다.

그렇다고 해서 에도시대로 돌아가자는 말은 아니다. 우리 스스로 지적인 생활을 영위하는 가운데 욕망을 억제하고 더는 편리함과 안일함만을 추구하지 않겠다는, 아울러 미래 세대에 부담을 떠넘기지 않겠다는 발상으로 미래를 생각해야 한다. 현재의 행복을 위해 미뤄놨던 것들을 다시 생각해보고, 미래를 책임질 수 있는 실마리를 찾아야 한다. 이는 누적된 방사성 폐기물을 어떻게 처리하고, 연이은 원전 폐로를 어떻게 원만히 진행하며, 1000조 엔도 넘는 나랏빚을 어떻게 갚아 나갈 건지와 관련된다. 어느 것 하나 하루아침에 해결할 수 있는 문제는 아니기에 쉽게 논의가 마무리되진 않을 것이다. 그래도 최소한 어떻게 처리할 건지에 대한 논의를 시작해야 한다. 그냥 내버려둔다면 방사성 폐기물은 날로 늘어날 것이고, 폐로도 차일피일 미뤄지는 가운데 빚이 쌓여 미래

세대의 부담만 가중될 것이다. 오늘을 살아가는 우리가
이를 자각하고 일말의 책임을 져야 하지 않을까?

　내게 그리 많은 시간이 남아 있진 않지만, 일단 앞으로
의 에너지 구성을 제안하고 싶다.

　10년 후에는 절약 15%, 재생가능 에너지 15%, 천연가스 70%

　20년 후에는 절약 20%, 재생가능 에너지 30%, 천연가스 50%

　30년 후에는 절약 25%, 재생가능 에너지 50%, 천연가스 25%

　50년 후에는 절약 30%, 재생가능 에너지 70%, 천연가스 0%

　위와 같은 목표를 설정해보자(물론 현재 사용량을 기준으
로 한 것이다). 주안점은 상시적인 절약과 더불어 재생가
능 에너지의 사용 비율을 착실히 늘리는 한편, 환경 부하
가 비교적 적고 자원량이 많은 천연가스에 의존하는 일
이다. 아울러 원전 의존은 일절 고려하지 않는다.

　아마 첫 10년은 언제 원전을 멈출 것인가의 논의가 거
듭되는 무척 힘겨운 시간이 될 것이다. 그러나 독일은 이
미 그 단계를 끝낸 상태라는 걸 떠올릴 필요가 있다. 현
재 유럽의 많은 나라도 그 방향으로 움직이고 있으며, 일

—

본도 하루빨리 이 단계에 접어들지 않으면 영영 기회를 놓칠지도 모른다. 그렇게 첫 10년을 넘기기만 하면 다음 10년을 넘기는 건 비교적 쉬울 것이다. 첫 10년과 거의 같은 페이스만 유지하면 될 테니까.

이런 이야기가 지나치게 낙관적인 공론일까? 다소간의 어려움 속에서도 본질에서 벗어나지 않고 이 속도대로 일이 진행될 수 있을지, 화석연료로부터의 탈피가 빨리 이뤄져 모든 과정이 좀 더 금방 이뤄질 수 있을지 몰라도, 아무쪼록 이런 예상이 그리 황당무계한 건 아니었다고 평가받길 바랄 뿐이다.

제6장

마치며

—

1. 핵 철폐의 길

제2차 세계대전이 끝난 직후 20년간 이어지던 핵(무기-메가톤) 문제는, 이후 50년간 원자력(원전-메가킬로와트) 문제가 되면서 우리의 삶과 더욱 밀접해졌다. 물론 그렇다고 핵무기 문제가 사라진 건 아니다. 핵확산이나 핵억지력 같은 말들이 사람들 입에 오르내리는 가운데 아직도 인류의 생존과 깊은 관련을 맺으며 현재에 이르고 있다. 핵전쟁의 악몽은 아직도 끝나지 않았다.

핵이 무기로 사용되거나 우발적인 사고로 핵폭발이 사람들 머리 위에서 일어나면 비참한 희생자가 얼마나 많이 나올지, 얼마나 오랫동안 사람들이 고통받을지 인식하고 있어야 한다. 또, 히로시마 · 나가사키에서 일어난 일들에 대해 끊임없이 이야기하고, 비키니 사건을 은폐하려던 미국(과 일본)의 비열한 행위도 계속 규탄해야 한다. 역사는 풍화되고 잊히기 마련이지만 절대 잊어선 안 되는 일도 있다. 다시는 피폭자가 나오지 않도록 핵의 참상을 현재 문제로 전해야 한다.

아울러 핵 철폐를 위한 노력 또한 착실히 이어가야 한다. 한때 6만 5000천 개에 달하던 핵무기가 서서히 줄어들어 현재 1만 6000개 정도까지 감소한 건 잠시도 긴장을 늦추지 않고 핵 철폐운동을 이어온 결과다. 그로 인해 핵무기를 고집하는 것의 허무함과 어리석음에 대한 인식이 조금씩 퍼졌다. 실제 현실적으로 사용할 수 없는 핵을 대량 보유하는 일만큼 위험하고 쓸데없으며 무의미한 일은 없다. 하지만 국가를 지키기 위한 마지막 보루라면서 여전히 핵을 보유한 나라가 존재한다. 여차하면 핵으로 공격하겠다는 위협(핵억지력)이 유효할 거라는 믿음 때문이다. 군사력에 의존한 평화(단순히 전쟁이 일어나지 않는 상태일 뿐이지만)의 한계는 모순투성이의 억지론을 탈피하지 못한 채 군비에 쓸모없는 자본과 자원을 낭비한다는 점에 있다. 결국, 국력을 쇠퇴시킬 따름이다.

핵무기 철폐를 요구하는 세력이 날로 늘어나는 가운데 NPT 재검토회의도 끈질긴 추궁을 받고 있다. 이미 핵을 보유한 5개 대국에 핵 군축을 압박하는 한편, 그 약속을 이행시키기 위해 회의가 거듭되고 있다. 또한, NPDI 회의를 개최해 핵문제와 관련된 나라들이 참가한 가운데 핵무기의 역할과 중요성을 저감低減하려는 노력도 진전되고 있다. 아울러 핵 군축을 위한 UN 워킹그룹working group 에서는 비핵지대가 맡는 역할 논의가 이뤄지는 가운데 그 중요성이 세계 공통의 인식으로 자리 잡고 있다. 여기서 특기할만한 점은 지금껏 '핵무기의 인도적 영향에 관한 국제회의'에 출석하지 않던 미국, 일본, 영국, 프랑스, 중국 등 5개 대국 중 미국이 2014년 빈 회의에 참여했다는 사실이다. 느린 걸음일망정 핵 철폐를 향해 한 걸음씩 다가가는 현실을 보여주는 일이다.

히로시마 · 나가사키 그리고 비키니 사건을 경험한 일본은 본래 핵 철폐운동에 있어 세계의 선두에 서야 마땅할 테지만, UN은 물론 NPDI에서도 그 역할을 충분히 하지 않는다. 일본은 미국의 핵우산 아래 있는 현실 때문에 핵의 전면 철폐를 주장할 수 없다. 미국의 눈치를 살피며 행동할 수밖에 없는 한심한 상태다. 따라서 일본은 미국의 굴레를 벗어나 미일안보조약을 파기하지 않으면 진정

—

한 평화국가가 될 수 없을 것이다. 하지만 현실정치에서는 국무회의 결정에 따라 집단 자위권 행사를 결정하는 지조 없는 정책이 판을 치는 등 오히려 세계 평화에 등을 돌리는 방향으로 기울어 있다. 이러한 반동적 현실을 극복하지 못한다면, 핵 폐기 전망은 불확실한 것이 되어버리고 만다. 지금 우리는 이러한 결정적 국면을 맞고 있다.

2. '나는 생각한다, 고로 존재한다'의 시대

후쿠시마원전 사고로 우리는 지금껏 알지 못했던 일(원전의 반윤리성처럼 적극적으로 알고자 하지 않았던 것들까지 포함해서)과 지금까지 간과한 일(원전 전문가의 기만성처럼 매스컴이 보도하지 않았던 것도 있지만), 그리고 정부와 전력회사에 속고 있던 일(전기요금의 속임수처럼 알지도 못하는 사이 이용당한 경우도 있다) 등 수면 위로 드러난 많은 사실을 배우며 체험할 수 있었다.

현재까지 이어지는 수많은 원전사고와 관련한 문제들(오염수, 제염, 하청 노동자의 피복작업, 생업 파괴와 건강 피해에 대한 배상, 아이들의 피폭, 피폭으로 인한 피난, 원전사고와 관련된 사망, 소문에 의한 피해 등)이 아직 미해결 상태인 까닭에, 우리는 날마다 그 추이를 걱정스레 지켜보고 있다. 그리고 무엇보다 후쿠시마 사고의 원인과 실정이 제대로 밝혀지지 않은 마당에 원전 재가동은 물론 원전 추진의 본격 재개로까지 이어질 것으로 보여 분노를 금할 수 없다. 한편, 원전 수출, 원자력규제위원회의 실태, 원전 중지 소송 결과, 에너지기본계획 등 원전 관련 문제들이 많이 보도되고 있으니 그런 의미에서 상당히 큰 대가를 치르고 원전 교육을 받고 있는 셈이다.

가능하다면 원전사고 없이 이런 교육의 기회가 제공됐다면 좋았겠지만, 안타깝게도 그렇지 못했다. 우리 스스로가 원전을 안일하게 바라보기도 했을뿐더러 언론도 후쿠시마 사고로 현실에 눈뜰 때까지 원전 추진 노선에 기운 보도밖에 하지 않았기 때문에 상황을 멈추지 못했는지도 모른다. 그런 상황에서도 다카기 진자부로 등 뜻있는 사람들은 언제나 원전의 문제점을 지적했지만, 시민사회는 부지불식간에 '건전한 비판 세력'을 배제했다. 겉보기엔 제대로 기능하는 사회에 성가신 문제를 끌고 오려는 사람들이라 생각해 배척했을 것이다. 그런 의미에서 오늘날 시민사회의 실태도 원전으로 돌아가 재검토할 필요가 있다.

한편, 원자력과 방사선의학 전문가들이 하는 말을 곧이곧대로 받아들이면 위험하다는 교훈을 얻은 것도 중요하다. ICRP처럼 권위 있는 국제 조직의 견해라도 비판적으로 판단해야 한다는 점도 알게 되었다. 지진은 예지할 수 없고, 오염수의 행방도 규정할 수 없으며, 활단층의 유무도 섣불리 판단할 수 없다(그밖에 집중호우 등의 이상기후나 산사태, 토사재해, 화산 분출 문제도 있다). 이 모두가 복잡계에 속한 문제로, 어느 것 하나 명쾌한 답을 낼 순 없다. 따라서 그 대처는 '트랜스 과학'의 문제로 철학과 윤리의 관점까지 포함해 폭넓게 논의하고, 과학 이외의 논리까지 포괄해 해결을 도모하는 한편, 현실적 상황과 결과를 끊임없이 검증하고 재검토하며 논리를 단련해야 한다.

현대야말로 '나는 생각한다, 고로 존재한다'의 시대다. 모든 걸 의심했던 데카르트René Descartes는 의심하는 자기 자신만이 의심할 수 없는 존재라고 인식했다. 더 나아가

우리는 사회에서 일어나는 문제를 끊임없이 의심하면서
(권위와 상식에 기대지 않고 자신의 머리로 사고하면서) 각자의
의견과 주장, 방침을 찾아낼 수 있어야 한다. 이를 통해
자기라는 인간적 존재를 가늠할 수 있기 때문이다. 물론
혼자 생각하는 데 그칠 게 아니라 많은 사람의 지혜를 배
우거나 논의를 통해 상호보완 과정을 거치는 게 중요하
다. 이것이야말로 본래의 민주주의 회복(획득)이다.

그런 맥락에서 현재는 복잡계의 과학과 트랜스 과학의
문제라는 과학으로부터 기인한 문제가 계기가 되어 인간
삶의 방식을 널리 모색하고 새로운 철학, 사상, 윤리가
만들어지는 시대다. 다만 그 출발점은 어디까지나 '내 생
각(자신의 머리로 생각하는)'이어야 하며, '무책임' 민주주의
나 중앙집권 시스템이 되어서는 안 된다. 이것은 반드시
'내 존재(자립 · 자치 · 자결의 정신)'를 통해야 한다. 이를 실
현할 수 있는 것이 바로 지상자원 문명의 시대라 하면 지
나친 비약일까.

과학기술문명을 비판적으로 바라보고, 그것을 뛰어넘
기 위한 철학을 구축해가는 것이야말로 현대의 중요한
과제다.

3. 시간의 지평선을 길게 잡고

5장에서 30년 후 절약과 재생가능 에너지로 75%를, 50년 후에는 이 두 가지만으로 100%를 충당해 지하자원에 더 이상 의존하지 않는다는 목표치를 설정한 바 있다. 과연 이것이 불가능한 목표일까? 아니면 공정표를 구성해 적극적으로 완수해야 할 실천적 목표일까? 환경적 압력이나 지하자원의 가격 폭등 등으로 목표가 아니라 현실에서 실행하지 않을 수 없게 되는 걸까? 사회가 어떻게 변천해갈지 불분명한 현재 이를 예측하기란 쉽지 않다.

여하튼 현실을 보면, 막다른 상황에 몰렸음을 미처 인식하지 못한 사람들이 많은 듯하다. 그렇다 보니 단지 꿈 같은 이야기나 망상 정도로 받아들이는지도 모르겠다. 실제 미래를 적확하게 예측하기 쉽지 않은 탓에 그다지 변화가 일어나지 않을 거로 생각하는 낙관론이나 엄청난 변화로 인해 고통받게 될 거라 믿는 비관론 등 극단적인 전망으로 기울기 쉬운 경향도 있다. 하지만 정작 현실적으로 진행되는 상황이란 그 중간 정도로, 부득이하게 생활방식의 변화를 압박받는 건 아닐까?

결국, 30년에서 50년 후 지하자원 문명이 자원 고갈이나 환경 악화에 따라 막다른 상황에 내몰리고 치열한 자원 획득 경쟁과 환경 압박으로 인해 생활이 점점 곤란해질 것이라 예상된다. 따라서 그러한 상황을 예측해 지상 자원 문명으로 점차 전환할 필요가 있다. '그때가 되면 당신은 이 세상에 있지도 않을 텐데 멋대로 상상해서 우리를 현혹시킨다'는 소리를 들을지도 모르지만, 많든 적든 내가 언급하는 문제가 현실적인 사태로 발전해 있다는(천천히 다가오든, 징후가 나타나든, 혹은 급속한 변화가 시작되든, 그 양상이 어떠하든 간에) 점은 분명하다. 생각해 보면 최소 30년에서 길어야 50년 이내인 가까운 미래에 모든 일이 완전히 그 양상을 드러낼 것이다. 지금의 고등학생이나 대학생이라면 생존해 있을 동안 확실히 이 상황과 조우할 테니 문명의 전환기가 목전에 와 있다고 할 수 있지 않을까.

조금만 높은 곳에 서서 먼 곳을 바라보면 지평선이 한눈에 들어온다. 지구는 둥글며 빛은 직진한다는 두 가지 이유에 따라 우리가 가늠할 수 있는 공간의 크기가 결정된다(대략 5킬로미터 정도로). 이와 마찬가지로 시간에도 가늠할 수 있는 거리가 존재하는데, 이를 '시간의 지평선'이라 부른다. 얼마나 먼 미래를 마음속에 그리며 살아가는지의 지표인 것이다.

현재는 세상의 움직임이 점점 가속화되면서 뭐든 빨리 매듭짓는 것만 요구된다. 그 내용에 대해서는 누구도 문제 삼지 않은 채 오직 스피드만이 지상가치로 평가받는다. 이러한 까닭에 우리도 점점 바빠져 먼 미래의 일을 생각하는 습관을 잊어버렸다. 중요한 사안임에도 어떤 해답도 내놓지 않은 채 나중으로 미루는 일도 많아졌는데, 이는 절대 충분히 생각할 여유를 갖기 위해서가 아니다. 오직 앞으로 나아가는 것만이 우선이기 때문에 해답을 내는 데 시간이 걸리는 문제와 마주하면 아무것도 결정하지 않은 채 결론을 나중으로 미루거나 후대에 책임을 떠넘기며 뒤로 돌린다. 원전에서 나온 방사성 폐기물의 최종 처분 문제가 그 전형이다. 원전 운전에만 정신이 팔려 원전이 만들어내는 폐기물 처리는 나중으로 미루거나 뒤로 돌리는 안이함에 빠져 있다. 이처럼 현대인은 현세에만 매달려 미래 세대에 어떤 부담을 떠넘기는지 생각할 수 없게 되었다.

이에 비해 옛사람들은 아이가 생기면 나무를 심었다가 그 아이가 성장해 결혼할 무렵이 되면 키운 나무를 잘라 살림 밑천으로 삼고, 다시 손자가 생기면 또 나무를 심어 손자가 어른이 될 때를 대비하는 식으로 시간의 지평선을 길게 잡으며 살았다. 30년, 50년 앞을 생각하고 그때의 세대가 안심할 수 있도록 미리 대책을 마련해둔 것이다. 물론 시대가 많이 변하다 보니 지금의 상황을 미래와 연장선상에 놓고 생각할 수 없게 된 측면이야 있지만, 현대인이 옛사람보다 대단히 무책임해진 것만은 부정할 수 없다. 옛사람들은 자신들이 가진 재화를 투입해 미래에 보탬이 되는 선물을 마련하려 했지만, 우리는 오늘날의 안락함만을 우선시하며 거기서 파생된 부담스러운 유산만을 미래로 떠넘기고 있기 때문이다. 이런 의미에서 보면 옛사람들이 우리보다 더 지속가능성을 의식하며 살았다고 할 수 있다.

앞으로 다가올 문명의 전환을 생각한다면, 오늘날과 같은 삶의 방식이 더 이상 지속가능하지 않다는 건 분명하다. 이를 인식하고 삶의 방식을 어떻게 변화시킬지 생각하는 일이야말로 인류 존속의 열쇠가 될 것이다. 30년, 50년은 한 세대가 책임질 수 있는 실로 짧은 시간이다. 따라서 시간 낭비일 뿐인 원전을 붙잡고 있는 여유는 우리에게 더 이상 남아있지 않다. 수많은 원전이 까다로운 뒤처리가 필요한 사고 가능성을 안고 있음은 물론, 수명이 다한 원전 폐로를 진행하는 데만도 까다롭기 그지없는 작업이 필요하기 때문이다. 하물며 핵무기라는 무용지물에 사로잡혀 자원을 낭비하고, 핵전쟁 위협에 사로잡혀 불안한 나날을 보내는 건 시간 낭비 그 이상도 이하도 아니다. 이제야말로 핵과 원자력의 굴레를 벗어나 새로운 지상문명의 가능성과 조우할 때다.

'핵을 넘어서' 가겠다는 의지를 굳건히 하며, 시간의 지평선을 길게 잡아 문명의 전환을 서둘러 이루어내는 일이야말로 다가올 시대가 요구하는 삶의 방식이다.

추천사

페르미의 패러독스가 인류에 던지는 질문

윤성철 | 서울대학교 물리천문학부 교수

이탈리아 출신의 천재 물리학자 엔리코 페르미(Enrico Fermi, 1901~1954)는 '핵시대의 건설자'이자 '핵폭탄의 설계자'로 불린다. 핵분열을 일으키는 데 관여하는 약력weak force의 이론을 발전시켰고, 중성자와 우라늄의 충돌이 연쇄적인 방사능 붕괴를 일으킬 수 있다는 사실을 발견했을 뿐 아니라 무엇보다 최초의 원자로를 개발했기 때문이다. 그는 원자폭탄의 위험을 미군부에 처음으로 일깨워준 과학자였고, 맨해튼 프로젝트에도 깊이 관여한 바 있다.

1950년 어느 날 원자폭탄 개발의 산실 로스앨러모스 연구소에서 동료들과 잡담을 나누던 페르미는 이런 질문을 던진다. 외계인은 왜 아직 지구를 방문하지 않았을까? 흔히 '페르미의 패러독스'라고 불리는 이 질문은 20세기 이후 눈부시게 발전한 천문학이 자연스럽게 제기하고 있는 것이다. 태양은 우주의 중심이 아니라 은하에 존재하는 수천억 개 별 중 하나에 불과하다. 지구 역시 그다지 특별한 행성이 아니기에 지구와 유사한 행성은 우리 은하의 별만큼 흔하게 존재할 것이다. 그중 적지 않은 곳에서 행성 간 여행이 가능하거나 혹은 최소한 외계와의 통신을 시도할 수 있는 고등문명이 탄생했을 것이다. 그렇다면 왜 아직 우리는 외계인의 증거를 발견하지 못했는가?

미국의 천문학자 프랭크 드레이크(Frank Drake, 1930~)는 지구와 통신이 가능한 외계문명의 수를 계산할 수 있는 방정식을 제시한 바 있다. 이 방정식에는 별의 탄생률, 별 주변에 지구와 같은 행성이 존재할 확률, 행성에서 생명이 출현할 가능성, 지적 생명체와 고등문명이 탄생할 확률 등 여러 가지 변수가 고려된다. 여기서 가장 결정적인 변수는 바로 '고등문명이 지속될 수 있는 기간'이다. 생명의 출현, 지적인 생명체의 등장, 과학기술문명의 발전, 이 모든 것은 이미 지구에서 실현된 것이다. 따라서 동일한 과정이 외계행성에서도 실현될 가능성이 적지 않다고 생각하는 것은 논리적으로 충분히 가능하다. 하지만 고등문명의 지속가능성은 아직 우리에게 미지의 영역으로 남아있다. 제아무리 우리 은하에 별과 행성과 생명이 흔하게 존재한다 할지라도, 고등문명의 지속시간이 예를 들어 수백 년에 불과하다면 현대의 지구인과 통신 가능한 외계문명의 수는 영에 수렴한다.

　외계문명의 증거가 부재한 상황에서 페르미의 질문에 답하기 위해 우리는 저 멀리 우주에서 우리가 살고 있는 지구로 시선을 되돌릴 수밖에 없다. 우주로 시그널을 보낼 수 있는 과학기술을 보유한 고등문명이 지구에서 시작된 지 100년이 채 되지 않는다. 과연 이 문명은 얼마나 오랜 기간 지속가능할까? 현재까지 외계문명과의 조우가 없었다는 사실은 어쩌면 고등문명은 쉽게 자멸한다는 역사적 필연을 암시하는 것 아닐까? 페르미의 패러독스를 풀 수 있는 열쇠는 결국 지구인들이 쥐고 있는 셈이다. 원자폭탄의 설계자가 인류문명의 미래를 고민하게 만드는 천문학적 질문을 던진 것은 재미있는 역사적 우연이다.

　이 책의 저자인 이케우치 사토루 박사는 일본의 저명한 천체물리학자다. 기대와는 달리 천문학과 관련된 이야기는 거의 없지만, 이 책에서 다루는 주제는 페르미의 패러독스가 현대인에게 던지는 문제의식을 그대로 반영한다. 일본은 2차 세계대전 당시 히로시마와 나가사키가 원자폭탄으로 폐허가 되는 아픈 역사를 거쳤다. 그 누구보다도 원자력의 파괴성을 생생하게 체험한 일본은 오늘날 미국, 프랑스에 이어 세계 3위의 원전 보유국이다. 일본이 지진과 해일의 위협을 끊임없이 받고 있다는 점을 감안하면 얼핏 이해가 되지 않는다. 히로시마와 나가사키의 원폭 사건 이후 불과 70년도 채 지나지 않은

2011년, 강진의 여파로 후쿠시마의 원자로가 손상되어 치명적인 양의 방사능이 유출되는 사고가 발생했다. 저자가 지적하듯 이는 단순한 우연이 아니다. 일본의 어리석은 선택이 낳은 필연이다. 한국이라고 과연 다를까? 어쩌면 우리는 필연적 재앙을 눈앞에 두고 있는 것이 아닐까?

이 필연은 거대자본에 휘둘린 어용학자 및 정관계 인사, 그리고 안전하고 깨끗한 원자력이라는 거짓 신화를 퍼뜨린 언론이 함께 만들었다. 저자는 안전한 원자력을 주장하는 이들의 계산이 현실을 제대로 반영하지 않은 이상적인 가정에 근거했음을 지적한다. 저자가 통계로 보여주듯 크고 작은 원전 사고는 세계 평균 10년에 한 번꼴로 발생했다. 더군다나 체르노빌과 후쿠시마 사태와 같은 대형 사고를 목격하면서도 여전히 원자력 발전은 안전하고 깨끗하다고 주장하는 것처럼 기만적인 일이 또 있을까. 이미 관찰된 현상과 사건들을 외면하고 이론적인 원칙에만 천착하는 것은 사이비과학에서나 볼 수 있는 모습이다. 정치·경제·이데올로기적 논리에 개입되어 자기비판 능력을 상실했다는 의미다. 설사 이제까지 아무런 원전 사고가 없었다 하더라도 10만 년이라는 기나긴 시간이 필요한 핵폐기물의 안전한 보관을 후손에게 떠넘기는 일 자체가 이미 부도덕한 선택이다.

저자는 핵마피아를 고발하는 데 그치지 않고 새로운 미래를 꿈꾼다. 그는 석유나 우라늄 같은 '지하자원'이 아닌 태양열, 풍력 등 '지상자원'을 이용하는 새로운 문명을 제시한다. 지상자원의 활용은 과학기술적인 관점에서 사실상 그다지 새로운 것이 아니다. 심지어 원자력에 비해 매우 소박해 보인다. 하지만 저자에 따르면, 이 지상자원의 소박함이야말로 인류가 지향해야 할 미래의 가치다. 우리에게 필요한 것은 단순히 새로운 과학기술을 통해 획득할 수 있는 거대한 능력이 아니다. 진정한 관건은 소박하고 작은 힘일지라도 어떻게 적용하고 활용하느냐에 달려있다.

지상자원을 이용한 전력 생산은 원자력에 비해 시공간적으로 훨씬 더 제한적일 수밖에 없다. 거대자본과 중앙집권적인 관리가 필요한 원자력의 경우와는 대조적으로, 대체 에너지의 활성화를 위해서는 지역 공동체가 중요한 역할을 맡아야 한다는 의미다. 지상자원의 활용을 통한 에너지 권력의 지역적 분산은 풀뿌리 민주주의를 활성화시키고 소규모 공동체의 자율성과 책임의식, 사회적 비판의식을 고양시킬 것이라는 게 저자의 주장이다.

"그 출발점은 어디까지나 '내 생각(자신의 머리로 생각하는)'이어야 하며, '무책임' 민주주의나 중앙집권 시스템이 되어서는 안 된다. 이것은 반드시 '내 존재(자립·자치·자결의 정신)'

—

를 통해야 한다. 이를 실현할 수 있는 것이 바로 지상자원 문명의 시대라 하면 지나친 비약일까."

강력한 힘과 권력에 의한 통제나 과학기술의 극한적 발전이 아니라 비판적이고 합리적인 사고에 기반한 개인과 지역 공동체의 자율과 책임으로부터 문제를 풀고자 한다. 원자력의 시대를 열어놓은 물리학자 엔리코 페르미의 질문에 답하기 위해 후쿠시마 사태를 겪은 일본 천체물리학자는 이렇게 고민하고 있었다. 쉽지 않은, 좁은 길이다. 그렇지만 답을 찾기 위해 인류는 이런 실험을 멈출 수 없으며, 반드시 해야만 한다. 그 누구도 우리를 도울 수 없다. 이 광활한 우주에서 우리를 도울 수 있는 이는 오로지 지구인 자신뿐이다. 역사의 필연을 임박한 재난에서 지속가능한 새로운 문명으로 바꾸는 일은 인간의 의지에 달려있다고 믿는다.

—

옮긴이의 말

1

 헌정사상 최초로 현직 대통령이 검찰에 의해 '피의자'로 규정되고, 국회의 탄핵 표결이 초읽기에 들어갔던 지난해 12월 7일. 민중의 상상력을 아득하게 뛰어넘는 '논픽션' 앞에 수많은 '픽션'이 패배를 거듭하는 가운데 신작 영화 한 편이 공개됐다. 소설 한 권을 출간하는 데도 몇 번의 심사숙고가 필요하던 그때, 과감하게 개봉을 강행한 이 작품은 '촛불 정국'이 이어지는 동안 450만 명 이상의 관객을 동원하며 손익분기점을 넘겼다. 최고 흥행작의 경우 무난하게 천만 관객을 모으는 한국 영화 시장의 환경을 고려하면 조금 부족해 보일 수도 있지만, 많게는 무려 230만 명을 넘는 인파가 광화문의 촛불집회를 메우던 당시를 생각하면 분명 괄목할만한 결과다. 게다가 그 영화가 원전 사고를 다룬 박정우 감독의 재난영화 〈판도라〉였음을 고려하면 더욱 의미심장하다.

요 몇 년 새 한국 사회의 '기본 전제'가 되어버린 '재난 상황에 대처하는 정부의 무능'에 관한 묘사나 내내 몰입을 방해하는 신파성은 차치하더라도, 원자로의 노심부가 녹아내리는 멜트다운과 방사능 유출, 그리고 피폭 등을 섬세하게 묘사한 내용은 관객의 등골을 오싹하게 만들었다.

후쿠시마원전 사고를 모델로 한 영화 속 원전사고가 우리에게 '보다 큰 개연성'을 지닌 '종말론적 재앙'으로 다가오게 된 것에는 이유가 있다. 물론 영화 엔딩 자막 중 한국이 '원전 밀집도 세계 1위 국가'로 '2016년 현재 4개의 원자력 발전소에서 총 24기의 원자로가 가동 중이며, 전체 원자력 발전소가 단지 반경 30킬로미터 이내에 9개 광역자치단체와 28개 기초자치단체가 밀집해 있다'는 사실도 섬뜩하지만, 지난해 9월 12일 한국의 두 번째 원전인 월성1호기가 있는 경상북도 경주시에서 5.8 규모의 지진이 발생했기 때문이다.

당시 원자력안전위원회(이하 '원안위')는 1988년 중수 누출 사고를 일으킨 후 내내 안전성 논란이 계속되다 2012년 11월 20일 설계 수명 30년을 맞아 가동을 중단한 월성 1호기의 수명을 2022년까지 연장한 상태였다.

2

　그런 상황에서 환경·시민단체 80곳과 원전 근처 주민 등 2100여 명으로 구성된 국민소송단이 원안위를 상대로 낸 수명연장 무효 소송에서 서울행정법원이 국민소송단의 손을 들어준 것은 대단히 고무적이다.

　원안위는 2015년 2월 27일 표결에 반대하는 위원 2명이 퇴장한 가운데 참가 위원 7명 전원 찬성으로 기습 표결을 감행했다. 한국수력원자력이 안전성 평가 전후에 월성 1호기의 핵심 설비인 압력관 380여 개를 교체하는 등 설비를 대폭 변경했는데도 이를 파악하지 않았음은 물론, 애초에 설비 변경에 원안위의 심의·의결 허가가 필요함에도 월성 1호기의 경우 원안위 과장급 직원의 전결로 끝냈을 뿐이다. 설비 변경 전후를 보여주는 비교표도 원안위에 제출하지 않았고, 월성 1호기 이후 만들어진 원전에 적용된 최신 캐나다 기술기준(R-7) 또한 무시했다. 법원의 판결은 사필귀정이었다.

　정부는 2029년까지 11기의 원전을 추가로 지을 계획이고 이미 5기는 건설 중이지만, 판결을 통해 정부가 안전 절차를 무시한 것이 드러나면서 국내 탈핵운동에도 탄력이 붙을 전망이다. 특히 원전 건설에 반대한다고 밝힌 대선주자들의 목소리에 힘이 실림에 따라 기존의 원전 추진 정책에도 제동이 걸릴 것이라는 예상도 나온다.

　물론 이러한 '긍정적 움직임'은 강고한 기득권을 유지해온 원전마피아의 반동도 이끌어냈다. 실제로 한국 사회의 원전 추진을 견인해 온 어용학자와 수구언론이 탈핵을 '대책 없는 이상론'으로 몰아붙이는 한편, 전력난과 블랙아웃black out의 공포를 확산하는 '투트랙two-track 전략'에 온 힘을 기울이고 있기 때문이다.

　일본 최고의 연구 거점 교육기관을 섭렵한 우주물리학자이며, 일본과학출판물상, 고단샤과학출판상, 파피루스상 등을 석권한 과학저술가인 이케우치 사토루 선생의 《핵을 넘다》가 빛을 발하는 것은 바로 이 대목에서다. 원전의 등장, '안전신화'의 확산을 통한 공고화, '죽음의 상인' 원전마피아를 둘러싼 이권과 종속의 구조 등을 과학자 특유의 냉정하고 객관적인 시각으로 풀어낸 이 책은, 단순히 '핵은 비윤리적이니까 나쁘다'는 '도덕재무장' 식의 논리나 '방사능 오염과 피폭이 얼마나 끔찍한지 아느냐'는 '무서운 이야기' 식의 논리를 넘어(물론 이 두 가지 모두 표현 방식에 차이가 있을 뿐 명확한 사실에 근거하지만), 인문과학과 자연과학을 가로지르는 학문적 역량을 발휘해 '문명사적 전환(지하자원 문명에서 지상자원 문명으로)'이라는 탈핵의 '거대 서사master narrative'를 이끌어낸다.

　그렇게 우리는 핵을 '반대하는' 데 그치지 않고 '넘어서기' 위해, '나는 생각한다, 고로 존재한다'의 시대를 이야기하는 노석학老碩学과 함께 지혜의 언덕에 올라 시간의 지평선을 바라볼 수 있는 것이다.

3

이 책을 번역·출판하는 과정에서 나는 한일 양국의 많은 분께 신세를 졌다.

'내 인생 최고의 탈핵 서적'이라 단언할 수 있을 만큼 좋은 책을 써 주시고 바쁜 시간을 쪼개어 책의 한국어판 서문까지 보내주신 이케우치 사토루 선생님, 언제나 가장 가까운 자리에서 형제의 무한한 사랑으로 필자를 격려해주시는 다도코로 미노루田所稔 신일본출판사 대표이사 사장 겸 편집장, 사회과학의 도식만으로 모든 것을 설명하려는 타성에 젖어 있던 필자를 새로운 인식의 지평으로 이끌어주신 야나이 타다시箭內匡 도쿄대학 이미지인류학연구실IAL 교수, 존재만으로 큰 힘이 되는 소중한 의형義兄이자 평생의 스승 시미즈 다카시清水剛 도쿄대학 대학원 종합문화연구과 교수, 그간 많은 작업을 함께 해왔고, 앞으로 더 많은 작업을 함께 해나갈 나름북스의 김삼권, 조정민, 최인희 늘 자랑스러운 세 동지, 소중한 친구이자 동업자이며 늘 헌신적 우정으로 나를 이끌어주는 양헌재良獻齋 서재권 대표, 마지막으로 이 책의 실질적 주인인 한국과 일본

—

두 나라의 출판 노동자 여러분께 이 지면을 빌어 진심 어린 감사의 마음을 전한다.

2017년 2월 9일
홍상현